La Mia Vita è La Mia Responsabilità

Intuizioni per una vita consapevole

Peter Mulraney

L'edizione inglese è stata pubblicata con il titolo di My Life is My Responsibility nel 2017. Questa edizione italiana è una traduzione dell'autore.

Copyright © 2024 by Peter Mulraney

Tutti i diritti riservati.

Questo libro non può essere riprodotto in tutto o in parte, tranne che da un revisore che può citare brevi passaggi in una recensione, senza il permesso scritto dell'editore.

ISBN: 978-0-6458829-7-1

L'immagine di copertina foto di H Heyerlein su Unsplash utilizzato sotto licenza di Unsplash.

❦ Creato con Vellum

Alla famiglia Pagana che mi ha incoraggiato a studiare l'italiano.

Indice

Introduzione	vii
La responsabilità	1
Fatti gli affari tuoi!	4
Una chiara intenzione	7
Il buio	9
La transitorietà	12
Dove sei?	14
La solitudine	17
Da dove vieni?	19
La tua presenza	22
La rinascita	25
Le nostre storie	27
Le convinzioni	30
L'oscurità	33
L'amore	35
Le scritture	37
Non andare in collera	40
Nelle profondità	43
La pazienza di aspettare	46
La morte	48
La bellezza	51
Un essere bellissimo	53
La natura ti aspetta	55
La rabbia	57
Senza cambiamenti	60
Essere nel momento presente	62
Una questione di giudizio	64
La felicità	66
La riconoscenza	68
Il segreto del perdono	70
Le cose brutte succedono	72
La fine delle relazioni intime	74
Non importa cosa pensano gli altri	76
Se non ne sei consapevole non puoi cambiarlo	78
Finali e inizi	80

Le parole hanno potere	82
Il potere della pausa	84
Amando te stesso	86
Avere un'opinione	88
Non ci sono ruoli speciali	90
Senza speranza	92
Non esistono momenti ordinari	94
L'illusione di avere il controllo	96
La cortina delle tue credenze	98
Il tuo scopo	100
Come vivi la vita è sempre la tua scelta	102
Atti d'amore	105
Le maschere	107
A volte non vedi i resultati	109
Intuizione	112
Il gran piano	115
Un campo di possibilità	117
Il viaggio spirituale	119
Ringraziamenti	121
Ultimi pensieri	123
Altri titoli di Peter Mulraney	125

Introduzione

La vita cosciente implica essere consapevole di ciò che accade nella tua vita e, ancora più importante, di ciò che accade nella tua mente.

Il modo in cui vivi la vita dipende dalle cose che scegli credere.

Se non esamini mai le tue convinzioni o interroghi le tue assunzioni, finisci per vivere inconsciamente. Quando vivi inconsciamente, vivi la tua vita secondo ciò che credono gli altri. Provi a soddisfare le aspettative di qualcun' altro e non le tue.

Noi tutti ereditiamo le credenze dalla nostra famiglia, dalla cultura in cui viviamo, dall'istruzione che riceviamo e dai messaggi a cui siamo esposti nel media.

Non c'è niente di sbagliato in questo. Fa tutto parte del piano. Devi iniziare da qualche parte quando arrivi sul pianeta. Ma, ad un certo punto, verrai chiamato per andare oltre quel punto di partenza. Molti di noi resistono quella chiamata. Sembra inquietante, che non vale la pena.

Spesso, la vita ci dà una bella spinta quando ci stiamo avvicinando alla quarantina: una crisi di mezza età. Alcuni di noi fanno attenzione.

La chiamata che ho sentito io era un sussurro insistente che non mi lasciava in pace. Continuava a invitarmi a guardarmi dentro e smettere di preoccuparmi così tanto di ciò che accadeva nel mondo intorno a me. A volte, mi spingerebbe a leggere un libro di un scrittore sconosciuto a me, o ad ascoltare qualche oratore, o ad intraprendere un corso di studi.

Quando riceviamo questi suggerimenti e facciamo qualcosa al riguardo, iniziamo esplorando le voci all'interno della nostra bolla di credenze. Essendo nato in una famiglia cattolica, la mia prima esplorazione ha incominciato con lo studio delle opere di vari autori cattolici, ma poi è successo qualcosa e mi sono trovato leggendo più ampiamente.

Ho scoperto *Un Corso in Miracoli* e, diversi anni dopo, *La Via della Maestria*, entrambi i quali mi hanno incoraggiato a esaminare ciò che pensavo fosse vero, e a contestare tutte le mie convinzioni su Dio e cosa significasse essere umano. Queste opere mi hanno avviato sulla strada per accettare la responsabilità della mia vita e mi hanno aperto la mente alla possibilità che nulla fosse come pensavo o credevo.

Le intuizioni presentate in questo libro derivano dalla consapevolezza di poter cambiare il mondo, ma non dal modo in cui molti di noi pensano di farlo.

Il vero cambiamento accade quando accetti che c'è solo una cosa che può essere cambiata: come scegli di vedere le cose.

La mia speranza, nel condividere queste intuizioni, è che possano ispirarti a interrogare ciò che ti è stato detto e a passare qualche momento a contemplare la possibilità che le cose non siano come sei stato portato a credere.

Questo libro è un invito ad accettare la responsabilità della tua vita e a permettere agli altri di assumersi la responsabilità della propria.

Qualche parola sulla struttura del libro. Non è progettato per essere letto da una copertina all'altra in una sola seduta e non esiste un ordine in cui le intuizioni debbano essere contemplate.

Ogni capitolo ha:

- una dichiarazione dell'intuizione,
- una discussione o espansione di quella intuizione,
- un punto di riflessione, e
- azioni da considerare in relazione alla discussione presentata.

Ti consiglio di tenere un diario per annotare le tue osservazioni e intuizioni mentre procedi nel libro.

La responsabilità

La mia vita è la mia responsabilità.

Fino a quando non arriverai al punto di accettare la responsabilità per tutto ciò che accade nella tua vita, non sarai mai libero.

Quando rifiuti di accettare che la tua vita è la tua responsabilità, continui a incolpare qualcuno o qualcos'altro per tutto ciò che ti accade. Ti vedi vittima del destino, di un dio tirannico, della controlla degli altri, e dei disastri naturali. Dai la colpa ai tuoi genitori, al governo, e a qualsiasi persona che ti abbia maltrattato in qualche modo per come è andata a finire la tua vita.

Accettare la responsabilità della tua vita è impegnativo e confortante allo stesso tempo.

È impegnativo quando hai sofferto delle cose o hai commesso degli atti che preferiresti dimenticare piuttosto che assumerti la responsabilità.

È confortante perché ti fa vedere che non sei mai una vittima.

Come possiamo accettare la responsabilità della nostra vita?

Un modo è quello di smettere di pensare a te stesso un essere umano con una durata limitata e di vederti invece un essere spirituale che ha scelto di incarnarsi nella forma umana - per le esperienze di apprendimento specifiche.

Quando consideri la tua vita da questa prospettiva, devi riconoscere che hai scelto i tuoi genitori e le circostanze in cui sei nato.

Da questo punto di vista, capisci anche che gli eventi accadono per te e non a te. Le cose ti succedono solo se ti vedi vittima.

Un altro modo di vedere è considerare ogni cosa che succede una cosa neutrale - cioè; le cose accadono ma senza alcun significato intrinseco. L'unico significato che un evento ha è il significato che gli dai. Sei tu a decidere se un evento è benefico, disastroso o senza conseguenze.

Accettare la responsabilità della tua vita significa riconoscere di avere il controllo totale sul modo in cui rispondi a qualsiasi cosa che succede.

Ecco perché senti tutti i tipi dei guru che ti dicono che il cambiamento inizia all'interno. Ti stanno dicendo che sebbene potresti non essere in grado di cambiare il mondo, puoi cambiare il modo in cui ti comporti.

Accettare la responsabilità della tua vita significa anche che puoi scegliere ciò in cui credi; invece di accettare semplicemente ciò che gli altri ti dicono di credere.

Punto di riflessione

Quindi, chi o cosa ha il controllo della tua vita?

Potresti pensare di avere il controllo ma, a meno che tu non sia disposto a esaminare le tue convinzioni e abitudini, probabilmente stai prendendo in giro te stesso.

Azioni da considerare

Passa un po' di tempo ad ascoltare quello che dici e quello che pensi ma non dici.

Nota come reagisci quando le persone toccano i tuoi nervi scoperti.

Inizia a tenere un diario per annotare le tue osservazioni.

Fatti gli affari tuoi!

Occupati dei tuoi propri affari e smettila di preoccuparti dei miei.

Una delle gravi tentazioni della vita è immischiarsi negli affari degli altri. È una grande distrazione dall'occuparti dei tuoi propri affari.

Hai mai notato come ai genitori piace dire ai loro figli come devono comportarsi, anche quando quei figli sono adulti con figli propri?

Quasi sempre non ti rendi nemmeno conto che lo stai facendo. Altre volte lo fai apposta, con le migliori intenzioni, ovviamente. Dopotutto, tu sai di che cosa hanno bisogno meglio di loro, vero?

In verità non sai mai cos'è il meglio per un altro. Spesso ci vuole una vita lunga di introspezione per scoprire cos'è il meglio per te stesso.

L'altro lato del problema è che, spesso, lasci le altre persone immischiarsi nella tua vita, sia se si tratti di un coniuge, un genitore, un prete, un politico o un chiacchierone sulla strada - o più probabilmente in questi giorni - sul social media o sulla radio.

Una parte dell'assumere la responsabilità per la tua vita è consentire ad altri di assumersi la responsabilità dei propri affari mentre tu ti occupi dei tuoi.

Questo non significa che come genitore permetti ai tuoi figli di fare quello che vogliono, ma significa che mentre i tuoi figli crescono e maturano gli devi trasferire gradualmente la responsabilità per come si comportano.

Non sempre facile ma essenziale. Ad un certo punto però, devi agire come gli uccelli e spingerli fuori dal nido.

Il modo in cui qualcun altro sceglie di comportarsi non è affare tuo, ma invece quello che scegli di fare al riguardo. Solo la tua risposta è la tua responsabilità.

Quando non ci immischiamo negli affari delle altre persone, usiamo spesso la nostra energia per risolvere i problemi del mondo o per lamentarci delle cose su cui non abbiamo alcuno controllo – le attività che ci distraggono o ci proteggono dalle realtà delle nostre vite.

Occuparti dei tuoi affari, invece di cercare di dominare il mondo, è in realtà molto meno stressante che preoccuparti delle cose che non controlli.

È strano però, che quando smetti di immischiarti negli affari degli altri, sembra che si comportino bene da soli e tu inizi a goderti di più la vita tua.

Punto di riflessione

Nei quali affari ti intrometti? A chi dici come si devono comportare o come devono educare i loro figli?

Se assistere gli altri con gli affari è il tuo lavoro, tieni presente che farlo come un educatore e non come un dittatore sarà sempre più efficace.

Azioni da considerare

Osserva come ti interagisci con le persone della tua vita, a casa e al lavoro. Determina se cerchi di occuparti dei loro affari.

Nota se permetti agli altri di dirti cosa fare o cosa pensare. Determina se ti prendi cura dei tuoi affari.

Annota le tue osservazioni e pensieri nel tuo diario.

Una chiara intenzione

Vivere la tua vita senza una chiara intenzione è come navigare senza bussola.

Puoi permettere le circostanze della vita di dare ordine sul percorso della tua vita - oppure puoi scegliere un percorso specifico per te stesso.

Se lasci dettare le tue circostanze, potrebbero portarti ovunque, perché rinunci a qualsiasi controllo tu possa avere.

Spesso, questa sembra la scelta più semplice, e spiega perché ascolti agli oratori motivazionali che ti sfidano a uscire dalla tua zona di sicurezza. Si chiama zona di sicurezza perché non devi fare nulla di diverso se rimani lì. Ma lo stesso devi affrontare qualunque cosa che accada. Molte persone si lamentano della mano che la vita da loro.

D'altra parte, se fissi la tua intenzione di avere un certo tipo di vita, tu dichiari il tuo desiderio all'universo e puoi cominciare a muoverti in quella direzione.

Questo richiede coraggio. Spesso, devi comportarti in un modo diverso da tutti quelli intorno a te. A volte gli altri penseranno (e ti diranno) che sei pazzo o che non sai quello che fai.

È interessante che la vita viene con un meccanismo di feedback, che ti informa quando mantieni la rotta o se devi cambiare il corso. Ciò implica che, quando accadono le cose inaspettate, puoi decidere cosa significano in termini dello scopo della tua vita. Quando hai una intenzione chiara, puoi verificare il tuo progresso rispetto ai tuoi obiettivi, quegli indicatori che hai impostato per aiutarti a navigare da dove ti trovi a dove vuoi arrivare.

Puoi immaginare una nave che salperebbe dal porto senza una destinazione indicata sulla mappa e senza una bussola? Credo di no. Nello stesso modo, anche per te sarebbe una buona idea di scegliere la destinazione prima di salpare.

Quando ti assumi la responsabilità della tua vita, tu dichiari all'universo e a tutti coloro intorno a te che hai un'intenzione chiara. Tu annunci che hai preso controllo dei poteri a tua disposizione.

Punto di riflessione

Ti comporti con una chiara intenzione o incolpi le tue circostanze per com'è la tua vita?

Sii onesto con te stesso ma anche gentile. Non c'è bisogno di punirti.

Azioni da considerare

Stai attento a quello che succede nella tua vita in questo momento.

Decidi se vuoi che le cose fossero diverse.

Stabilisci o ristabilisci le tue intenzioni e decidi quali indicatori ti aiuteranno a tracciare il tuo progresso.

Annota le tue osservazioni e pensieri nel tuo diario.

Il buio

A volte, devi essere al buio prima di poter vedere chiaramente.

Sospetto che abbiamo sempre avuto paura dell'oscurità, nelle sue diverse forme, e che a certi tempi questo è stato, probabilmente, per buone ragioni. Oggi comunque sembra che non siamo più disposti ad abbracciare l'oscurità in qualsiasi forma.

Non appena il sole tramonta che illuminiamo le nostre case con le luci artificiali per non essere al buio, effettivamente prolungando il giorno fino alla notte. Da un lato è una buona cosa. Non suggerisco di voltare le spalle al progresso e spegnere le luci. D'altra parte, rende così facile riempire la nostra vita di impegni.

L'oscurità dà l'opportunità di fermarti e fare quel lavoro interiore che non ha bisogno di una luce esterna.

Spesso, non possiamo staccarci dai nostri dispositivi elettronici, in caso che non vediamo un frammento di informazioni e ci troviamo al buio su qualche questione vitale o banale. Ci si chiede come siamo mai sopravvissuti quei giorni di oscurità prima dell'internet, quando aspettavamo il telegiornale della sera o il giornale del mattino per soddisfare il nostro bisogno di sapere cosa stava succedendo nel mondo.

Come sono mai sopravvissute le persone quando dovevano aspettare giorni, settimane o perfino mesi per le notizie dagli amici e dei parenti dalla città vicina, a non parlare di notizie dai paesi dall'altra parte del globo?

Purtroppo, la maggior parte è solo rumore che ti distrae dal vivere la tua vita nel momento con le persone proprio lì con te.

A volte l'oscurità si presenta sotto la forma di angoscia, e ti fa domande che preferiresti non affrontare, quindi la sopprimi con farmaci o qualche altra dipendenza, invece di rifletterci e scoprire la lezione che ti porta.

L'oscurità ti permette di uscire dal bagliore della luce e di vedere le cose che ti aspettano nell'ombra.

Il silenzio, la forma che l'oscurità assume nel mondo del suono, ti permette di sentire la voce dell'intuizione, che viene persa nel mare del rumore che ti circonda ogni giorno.

Punto di riflessione

Quando è stata l'ultima volta che ti sei seduto al buio, scollegato da tutti i tuoi dispositivi, e sei rimasto con un problema fino a quando hai saputo cosa fare?

Hai mai preso in considerazione questo modo di fare?

Azioni da considerare

Sièditi tranquillamente, con gli occhi chiusi, e senti cosa sta succedendo dentro di te.

Fa' di sederti in silenzio una pratica quotidiana regolare.

Trascorri una giornata scollegata dai tuoi dispositivi.

Annota le tue osservazioni e pensieri nel tuo diario.

La transitorietà

Niente rimane per sempre.

La vita è un flusso di eventi in continuo cambiamento, momento per momento; ma quanto spesso ti trovi nel suo percorso cercando di fermare il suo passaggio?

Le persone appaiono nella tua vita per un periodo; poi se ne vanno. Perché ti arrabbi?

Le tue idee sono popolari un giorno e dimenticate o ridicolizzate il prossimo. Perché ti senti offeso?

Qualcosa sgradevole arriva per una visita, solo per trasformarsi in un momento di gioia inaspettata. Perché sei sorpreso?

Quante volte ti sei trovato usando l'energia per trattenere persone, convinzioni e cose? O ti sei ritrovato usando la tua energia per resistere al cambiamento?

Fa attenzione alla sfilata delle stagioni. C'è un messaggio lì. Questo è il modo in cui la natura ti ricorda che nulla rimane per sempre.

Anche quegli alberi maestosi che vivono per centinaia di anni alla fine cadono sul suolo della foresta e decadono nel terreno che li ha cresciuti.

Ogni montagna, edificio e monumento sul pianeta si sta trasformando lentamente in polvere.

Cosa ti fa pensare che i problemi di oggi saranno qui domani?

Non importa cosa sta succedendo nella tua vita; passerà. Prenditi un momento e ricorda una volta precedente nella tua vita - non è la stessa di oggi, vero?

La tua parte nel gioco della vita è di notare ed assaggiare, e poi lasciar passare. Non è per accumulare e trattenere tutto e tutti quelli che arrivano.

Tu non starai qui per sempre neanche, quindi sfrutta al massimo la tua visita ed assaggia il più possibile, invece di lamentarti delle persone e delle cose che hanno servito il loro scopo nella tua vita e sono partite.

Punto di riflessione

Perché pensi che resistere al cambiamento sia un comportamento umano così comune?

Azioni da considerare

Identifica i problemi a cui ti aggrappi.

Identifica le persone a cui ti aggrappi.

Permettiti di sentire il dolore della tua perdita e poi lascialo andare.

Annota le tue osservazioni e pensieri nel tuo diario.

Dove sei?

Paradiso o inferno? La tua scelta.

Ogni circostanza può essere percepita come paradiso o inferno. Tutto dipende dalla tua prospettiva al momento.

È interessante notare che ciò che io percepisco di essere il paradiso o una benedizione tu potresti scegliere di vederlo come l'inferno o qualche forma di punizione divina. La designazione che dai dipende dal tuo stato d'animo, non dalla realtà della situazione, e dalla comprensione che il paradiso e l'inferno sono stati mentali e non luoghi che troverai su una mappa del cosmo.

Se sei in vena di vittima, dove tutto ti accade, è facile vedere qualsiasi situazione che non soddisfa le tue aspettative come un'esperienza dell'inferno o una punizione divina.

Quando vai oltre essendo la vittima e accetti di essere responsabile della tua vita, non ti succede mai nulla. Succede tutto per te e quando le cose non soddisfano le tue aspettative, ti fermi e ti chiedi a che cosa la vita attira la tua attenzione ora, invece di lamentarti: perché io?

La vita accade e sperimentiamo un flusso di eventi. Non si può negare che alcune delle circostanze che incontriamo sono difficili e spiacevoli da affrontare, ma ciò non significa che stiamo stati puniti da un dio malvagio, nonostante ciò che potresti aver sentito predicato da qualche pulpito.

Nonostante l'evento che ti presenta, hai sempre il potere di scegliere come rispondergli, anche se hai dimenticato quel potere.

Nessuna circostanza rimane per sempre e, anche se in prima credi di esserti imbattuto nell'inferno, puoi sempre cambiare idea su una circostanza particolare mentre diventi più consapevole di ciò che significa per te. O mentre diventi più consapevole dei dettagli e smetti di ascoltare la voce nella tua testa che ha frainteso tutto dall'inizio.

Una delle scoperte interessanti che sono emerse dalla ricerca sul cervello è che le nostre menti non ci presentano un'immagine della realtà ma con un'interpretazione della realtà basata sulle nostre esperienze e credenze.

C'è un avvertimento lì. Se applichi un filtro negativo, otterrai un risultato negativo. In altre parole, se vai in giro a cercare l'inferno, lo troverai ovunque.

Preferirei andare in cerca del paradiso ma, come sempre, la scelta è tua.

Punto di riflessione

Come scegli di interpretare gli eventi della tua vita? Esamini i fatti o vai con la voce in testa?

Azioni da considerare

Esamina gli eventi infernali della tua vita e chiediti se le tue interpretazioni di quegli eventi sono basate su opinioni o fatti.

Considera rimodellare il modo in cui pensi a quegli eventi e vedi se potrebbe esserci un altro modo di vederli.

Annota le tue osservazioni e pensieri nel tuo diario.

La solitudine

Essendo da solo non è lo stesso di essere solitario.

C'è una parola per descrivere il passare del tempo con se stesso: la solitudine. È un'esperienza necessaria per chiunque intraprenda il viaggio interiore, e quella che tutti i pellegrini scelgono.

Trovi la solitudine ritirandoti nella tua stanza o facendo lunghe passeggiate nella natura da solo. Quando vuoi davvero allontanarti da tutti, puoi fare una passeggiata in pellegrinaggio, come il Camino de Santiago, o puoi partecipare a un ritiro silenzioso.

Un aspetto della solitudine è passare il tempo a conoscere e a fare l'amicizia con te stesso. È facile dimenticare che, nonostante chi altro c'è là con te, sei sempre con te stesso e per questa ragione fa senso essere il tuo migliore amico. Un altro aspetto della solitudine è fare le cose che ti piacciono da solo. Cose come leggere o ascoltare la musica o diserbare il giardino.

Se non ti senti a tuo proprio agio da solo, forse è il momento di chiedere perché. Che cosa hai paura di scoprire se stai in silenzio abbastanza a lungo per ascoltare i tuoi pensieri?

Spesso, gli amici confondono il tuo desiderio per la solitudine con l'isolamento e non vogliono lasciarti solo. Molti non capiscono il punto della solitudine: essere con te stesso.

Sentirsi solo è un sentimento naturale; niente di cui vergognarsi. Siamo esseri sociali. Ci piace stare con le altre persone e ci mancano i nostri amici e amanti quando non siamo con loro.

Se ti senti solo, la solitudine potrebbe non essere d'aiuto. La cura per sentirti isolato è stare con le altre persone. Forse quel senso di isolamento serve a ricordarti che devi uscire di più e smettere di passare così tanto tempo con te stesso.

Una volta, la vita di un mistico era la vita dell'eremita. Quella vita non è più il caso. Anche noi che prendiamo il viaggio interiore abbiamo bisogno della compagnia di amici e compagni pellegrini.

E, se siamo sinceri, siamo qui per impegnarci con la vita e non sederci in solitudine.

La solitudine ha il suo scopo ma è anche importante divertirsi e godersi la compagnia degli altri.

Punto di riflessione

Adotterai la solitudine come parte del tuo viaggio interiore o hai paura di ciò che potresti scoprire se passi del tempo con te stesso?

Azioni da considerare

Concediti un giorno di solitudine.

Fa' una passeggiata nella natura.

Annota le tue osservazioni e pensieri nel tuo diario.

Da dove vieni?

Ti sei mai chiesto dove eri prima di nascere, questa volta?

Se siamo spiriti e godiamo di un'incarnazione qui sulla terra, dove eravamo prima di nascere questa volta?

Questa non è una domanda a cui ho pensato molto finché non ho iniziato a studiare *La Via della Maestria*, in cui Jeshua ci dice che siamo sempre nel Cuore di Dio. In altre parole, non abbiamo mai lasciato la casa. Poniamo semplicemente la nostra attenzione sulla nostra esperienza di essere qui.

Questo concetto mi ha fatto pensare a Second Life, il mondo virtuale online dove ti siedi al tuo computer ma partecipi al mondo virtuale tramite un avatar; cioè; sei a casa ma poni la tua attenzione sulla tua manifestazione nel mondo online.

Jeshua si riferisce al corpo come il dispositivo di comunicazione che è necessario per partecipare all'esperienza dell'essere umano. In altre parole, un avatar.

Secondo Jeshua, la trappola di questo gioco sta nell'identificazione con il tuo avatar - e tutti di noi soccombiamo alla trappola fino al momento in cui ci svegliamo dal sogno e ricordiamo chi siamo.

Possiamo ottenere un'altra prospettiva al riguardo questo concetto dal lavoro di Michael Newton, un dottore americano dell'ipnoterapia, che ha registrato ciò che i suoi pazienti gli hanno detto durante le loro sessioni della terapia di regressione alle vite passate.

È interessante notare che ciò che i pazienti del dottor Newton hanno ricordato durante la terapia di regressione alle vite passate si allinea con il racconto di Jeshua.

Il tema delle loro risposte è che siamo anime che appartengono a una famiglia di anime che va in gite d'istruzione insieme in luoghi come la terra. Ogni volta che vai in gita, assumi un ruolo diverso ma una parte della tua anima non lascia mai il campo base. Quando la tua parte nella gita è terminata, la porzione della tua anima che era investita nella lezione si riunisce con la porzione che è rimasta nel campo base. Questo è ciò che chiamiamo morire, quando l'anima si separa dal corpo o dall'avatar.

Quando torni al campo base, tu rivedi i tuoi progressi con la tua guida, proprio come rivedi un compito con un insegnante, e poi scegli il tuo prossimo incarico prima di rinascere.

Pensaci per un attimo. Significa che tu non muoia mai. Significa che tu scelga le circostanze in cui nasci per un motivo specifico e che porti con te il valore del tuo apprendimento precedente.

Però il trucco sta che devi risvegliarti dal sogno di essere umano (o devi sottoporti alla terapia di regressione alla vita passata) per accedere all'apprendimento dell'anima.

Punto di riflessione

Se sei un'anima in gita qui alla terra, cosa pensi che potrebbe essere la ragione per questa gita?

Azioni da considerare

Rivedi la storia della tua vita. C'è uno schema negli eventi della tua vita? C'è qualcosa che sembra accadere più e più volte?

Rifletti sulle persone della tua vita e su quelle che sono andate e venute. C'è qualcuno che ha o ha avuto un'influenza particolare su di te?

Annota le tue osservazioni e pensieri nel tuo diario.

La tua presenza

Espandi la tua presenza condividendo le tue conoscenze e insegnando le tue abilità.

Hai esperienza della vita. Sai come fare certe cose. Hai conoscenze pratiche e le capacità. La tua esperienza ha valore.

Puoi scegliere di utilizzare il beneficio della tua esperienza per promuovere i tuoi interessi o puoi condividere ciò che sai con gli altri.

Che tu ne sia consapevole o no, sei un centro di influenza. Puoi fare la differenza se sei disposto ad espandere la tua presenza diventando visibile, ed essendo generoso con quello che sai.

La generosità o la condivisione riconosce l'abbondanza. C'è sempre più che sufficiente per tutti.

Quando dai via ciò che sai insegnando agli altri, paradossalmente, non perdi niente. Hai ancora le tue conoscenze. Hai ancora le tue capacità. Invece, tu hai espanso la tua presenza.

Ci sono molti modi per condividere quello che sai. A volte, tutto ciò che serve è la volontà di offrire una mano o un consiglio ad un amico o un familiare. Altre volte, potrebbe essere più appropriato offrire le tue conoscenze e abilità nel mercato.

Non c'è nulla di sbagliato nell'essere ricompensato per la condivisione o l'insegnamento. Spesso i beneficiari attribuiscono più valore alle informazioni per le quali devono pagare che ai consigli forniti liberamente - anche se si tratta esattamente delle stesse informazioni.

Questa intuizione è quella che mi ispira a scrivere post sul blog e libri che mi permettano di condividere le mie conoscenze e abilità e di espandere la mia presenza.

È difficile immaginare che solo pochi anni fa la maggior parte di noi era confinata in piccoli circoli di influenza. Pochissimi avevano accesso a un pubblico oltre alla loro cerchia di amici prima della rivoluzione digitale. Oggi, ognuno di noi può avere un pubblico in tutto il mondo.

Non devi fare quello che sto facendo io per espandere la tua presenza. Puoi scegliere di condividere le tue conoscenze e insegnare le tue abilità con quelle della tua cerchia immediata. Facendo così fai la differenza.

Punto di riflessione

La vita ti insegna molte cose. A volte, ti dà solo una prospettiva su te stesso. Ad altre volte, ti permette di acquisire competenze e intuizioni specifiche. Cosa ti ha insegnato la tua vita che potresti condividere con gli altri?

Azioni da considerare

Parla senza reticenze la prossima volta che sei in riunione. La tua prospettiva ha un valore come quella di chiunque altro.

Condividi la tua storia di vita. Non si sa mai cosa qualcuno altro potrebbe imparare ascoltando la tua storia.

Offri di insegnare le tue abilità ai tuoi colleghi.

Annota le tue osservazioni e pensieri nel tuo diario.

La rinascita

Dimenticato non significa rotto. Le connessioni inattive possono essere riattivate con consapevolezza.

È facile essere completamente assorbito negli eventi della tua vita. Quando sei occupato, a volte tu dimentichi le cose o non riesci a mantenere i contatti con la tua famiglia e i tuoi amici.

Forse le tue scelte ti spostano in un'altra città o in un altro paese. Quando accade così, le tue relazioni esistenti possono diventare inattive, specialmente se le metti in attesa mentre ti stabilisci nel nuovo ambiente.

Poi, un giorno, ti rendi conto di non aver visto o parlato con un particolare familiare o amico da anni, e vuoi ricollegarti con loro.

Quando una connessione è inattiva ma non rotta, può essere riattivata semplicemente con una telefonata o una visita. Molte volte, tu riprendi la relazione da dove l'avevi interrotta quando sei diventato occupato o ti sei trasferito.

Forse sentiresti il bisogno di scusarti per aver trascurato il tuo amico o tua sorella ma, spesso, scopri che non sono richieste le scuse. Sono felici di sentirti e di ricollegarsi con te.

È una storia diversa quando una connessione è stata veramente troncata. In una tale circostanza ci sono dolore e sofferenza, incomprensioni, o forse sensi di colpa da affrontare, a secondo di come è stata interrotta la relazione che desideri riaccendere.

Ci vuole coraggio e autocoscienza per ricucire le connessioni interrotte. Potresti aver bisogno di scusarti. Potresti aver bisogno di perdonare. Potresti aver bisogno di lasciar andare quel affronto immaginario. Potresti aver solo bisogno di abbracciare il tuo amico e dirgli quanto ti è mancato.

Forse diventerà necessario abbandonare la relazione. Magari quella persona ha già realizzato la sua parte nella tua storia di vita o tu hai realizzato la tua parte nella sua. Se questa è la tua esperienza, ricorda che l'amore non riguarda il possesso o l'attaccamento.

Le persone entrano e escono sempre dalla tua vita. Augurale bene. Comunica con le persone che ti vogliono nella loro vita e sii aperto ad incontrare nuovi amici.

Punto di riflessione

Hai connessioni inattive o interrotte con certi amici e familiari che desideri riaccendere?

Azioni da considerare

Fa' quella telefonata e dì ciao.

Fa' quella visita che continui a rimandare.

Scopri cosa devi fare per riparare una relazione interrotta che desideri riaccendere e raggiungi all'altra persona per vedere se vuole giocare di nuovo.

Lascia andare le relazioni che hanno raggiunto la loro data di scadenza.

Annota le tue osservazioni e pensieri nel tuo diario.

Le nostre storie

Tutti gli eventi sono neutrali - sono le nostre storie su di loro che non lo sono.

Sono le storie sugli eventi nella sua vita, che lo scrittore di un libro di memorie racconta, che rendono un libro di memorie più interessante di un elenco semplice degli eventi nella vita di una persona.

La tua vita non è diversa. È una serie di eventi che si estende dalla nascita alla morte.

Molti degli eventi della tua vita sono simili agli eventi della mia vita. Ciò che li rende diversi è il loro contesto e il modo in cui io e te li interpretiamo mentre accadono.

Quando accetti la responsabilità della tua vita, scegli di rispondere alle cose che accadono dalla consapevolezza, invece di reagire dalle paure basate su esperienze precedenti o disinformazione. Ciò significa che vedi le cose in modo diverso e racconti storie diverse.

Le cose non ti succedono più. Invece, accadono per darti una esperienza o un messaggio da considerare.

Gli eventi accadono. Si verifica il terremoto, l'incendio boschivo, la tempesta di neve o il volo annullato. Non è personale. L'aspetto personale arriva solo quando tu interpreti l'evento. È la tua interpretazione che genera la storia che ti racconti sull'evento, ed è quella storia che ispira la tua risposta.

È scomodo quando il tuo volo viene annullato. È devastante quando un disastro naturale distrugge la tua casa o uccide i tuoi famigliari.

Sentirti così è la risposta emotiva umana, ma ricorda che non sei una vittima. Nessuno ha annullato il volo solo per disturbarti. Nessuno ha organizzato l'incendio boschivo solo per bruciare la tua casa e uccidere tuo figlio.

Puoi scegliere di vedere quegli eventi in quel modo e comportarti di conseguenza se lo desideri.

Oppure puoi riconoscere che l'evento è accaduto e poi chiederti quale lezione tiene per te prima di rispondere. Questo non significa che l'evento non sarà doloroso, ma ti darà l'opportunità di attraversare l'esperienza, invece di lasciarti schiacciare.

Gli eventi possono sembrare fuori dal tuo controllo, ma il modo in cui interpreti un evento e decidi di rispondere è sempre sotto il tuo controllo.

Se nient'altro aiuta, ricorda di respirare o contare fino a dieci prima di rispondere.

Punto di riflessione

Come rispondi agli eventi della vita? Ti chiedi perché sono successe le cose o le prendi sul personale?

Azioni da considerare

Ricorda un evento inconveniente di recente ed esamina la tua risposta.

Sviluppa un rituale che ti permette un momento per raccogliere i tuoi pensieri prima di rispondere agli eventi. Per esempio, fa' un respiro profondo e poniti una domanda di esplorazione.

Annota le tue osservazioni e pensieri nel tuo diario.

Le convinzioni

Solo perché ci credi tu non significhi che sia vero per chiunque altro.

Su cosa si basano le nostre convinzioni?

A volte, crediamo a ciò che gli altri ci dicono. Accettiamo le loro convinzioni al valore nominale. Questo è la nostra situazione quando siamo bambini e non abbiamo abbastanza informazioni o esperienza per sapere altro. Anche da adulti, ci troviamo spesso di fronte a una situazione simile quando un esperto ci dice come stanno le cose. Quanti di noi, per esempio, hanno abbastanza informazioni o esperienze rilevanti per sapere se il riscaldamento globale è prodotto dall'uomo o no?

Le convinzioni sono teorie che sono basate sull'interpretazione delle esperienze. Condividiamo convinzioni culturali o scientifiche comuni con gli altri, ma ognuno di noi ha una serie di convinzioni personale che sono basate sulla nostra interpretazione delle esperienze personali.

Non abbiamo alcuna garanzia che le nostre convinzioni culturali o scientifiche condivise siano giuste. Quello che sappiamo è che molti di quelle convinzioni ci permettono di operare come società, come un gruppo di persone con una visione del mondo comune.

Le nostre convinzioni personali sono del tutto un'altra storia però. Ciò che credi di te stesso potrebbe non avere nulla in comune con ciò che credo io di te. Nello stesso modo, ciò che credi di me potrebbe non allinearsi con ciò che credo di me stesso. In effetti, quello che credi di qualcuno ha più da fare con te e con la tua visione del mondo di ogni altra cosa.

Un altro modo di descrivere un'opinione preconcetta o una convinzione personale non radicata in realtà è chiamarla un pregiudizio.

Le nostre diverse credenze ci permettono di vedere le cose in modi diversi. Per esempio, dove una persona vede un uomo con la barba, un'altra vede un terrorista, o la persona designata come immigrata clandestina da un commentatore viene descritta come rifugiata o richiedente asilo da un altro.

Una cosa interessante delle credenze è che tendiamo a raccogliere informazioni che supportano le nostre credenze e a rifiutare le informazioni che le confutano. In altre parole, ascoltiamo ciò che vogliamo sentire. Vediamo cosa vogliamo vedere. Finiamo con una visione del mondo determinata dalle nostre convinzioni personali - e le nostre paure non sono nient'altro che convinzioni personali sui risultati negativi.

La nostra sfida è prendere coscienza delle nostre convinzioni e di interrogarle. Si basano su fatti o interpretazioni? Davvero questa è una domanda difficile a cui rispondere, dato come funziona la mente umana.

Punto di riflessione

Ascolti gli stessi programmi radiofonici, guardi lo stesso telegiornale, o leggi lo stesso giornale ogni giorno? Cerchi mai fonti di informazione alternative? Verifichi i fatti?

Azioni da considerare

Sintonizzati su alcune fonti alternative di informazioni, per esempio, prova un altro telegiornale o leggi un giornale con un altro punto di vista.

Riesamina le tue convinzioni personali ed elenca le prove che confermano ogni convinzione.

Annota le tue osservazioni e pensieri nel tuo diario.

L'oscurità

L'oscurità ci permette di vedere la bellezza delle nostre luci.

C'è una ragione perché facciamo fuochi d'artificio di notte. La magia di uno spettacolo pirotecnico non può competere con il bagliore del sole.

Quando ti paragoni a persone più famose o di maggior successo di te, le tue luci sono obliterate dalle loro e non riesci a vederle.

Esci dall'abbagliamento! Smetti di paragonarti con gli altri, nonostante quanto ti possano sembrare degni. Concediti la possibilità di vedere il tuo valore, i tuoi talenti, i tuoi successi, le tue luci proprie.

Non sei qui in competizione con nessun altro.

Quando smetti di paragonarti con gli altri, ti vedrai sotto una nuova luce. Nessun altro sta vivendo la tua vita. Nessun altro sta facendo il lavoro della tua vita. Nessun altro ha lo scopo della tua vita. Sei un esemplare unico. Non devi essere perfetto. In effetti, sono le tue imperfezioni che ti rendono interessante o ti danno il vantaggio nel perseguire il tuo scopo di vita o ti fanno la persona amabile che sei.

Il paragone può essere un'abitudine difficile da eliminare, soprattutto perché siamo cresciuti in società che giudicano le persone dalle loro differenze.

I nostri genitori ci paragonano ai nostri fratelli o ai nostri cugini. I nostri insegnanti ci paragonano con i nostri compagni di classe. I nostri datori di lavoro ci paragonano con i nostri colleghi. I nostri amici ci paragonano con i loro altri amici. E noi facciamo lo stesso.

Ecco come funziona il condizionamento sociale ma non devi rimanere il prigioniero del tuo condizionamento sociale.

Il vantaggio di svegliarti dal sogno del tuo condizionamento sociale e accettare la responsabilità della tua vita è l'accesso consapevole al potere di scelta - e quel potere ti permette di liberarti dal tuo condizionamento sociale.

Quindi, fai la tua autovalutazione nell'oscurità del tuo santuario, dove tutte le luci brillanti che vedi saranno le tue.

Punto di riflessione

Con chi ti paragoni? Perché?

Azioni da considerare

Elenca le cose che hai realizzato nella tua vita. Metti quella lista in un posto dove puoi vederla e leggila ogni volta che sei tentato di pensare di non aver fatto nulla di valore.

Elenca le abilità in cui brilli: i tuoi talenti. Prendi ogni opportunità di affinare quei talenti. È incredibile quanto ti senti fiero di te stesso quando fai qualcosa in cui sei bravo.

Annota le tue osservazioni e pensieri nel tuo diario.

L'amore

Coloro che lavorano con amore non hanno bisogno delle pistole.

Secondo allo scrittore di *Un Corso in Miracoli*, la paura nasce da una mancanza di amore.

Le persone che hanno paura credono di aver bisogno di proteggersi. Alcuni temono estranei per strada, altri temono chi non appartiene al loro gruppo, non parla la loro lingua o non crede nel loro Dio.

Alcuni sono così consumati dalle loro paure che hanno paura di chiunque.

È interessante notare che quando chiedi alle persone di analizzare le loro paure, sono le storie che raccontano a se stessi di altre persone di cui hanno davvero paura. Per esempio, vedono un musulmano di qualsiasi tipo come una terrorista, finché non ne conoscono uno come compagno umano. O vedono un omone di colore come un mascalzone, fino a quando non si presenta come paramedico in un'ambulanza per assistere alla loro crisi sanitaria.

La maggior parte delle nostre paure sono irrazionali, specialmente le nostre paure degli altri.

Quando consideri ciò che accade realmente nella tua vita quotidiana e smetti di temere ciò che potrebbe accadere, quasi ogni giorno scopri che sei circondato da persone che lavorano con amore.

Le persone intorno a te conducono i loro affari senza intenzione di farti del male. Parlano con i loro amici, amano i loro bambini e fanno tutto il necessario per mettere il cibo sul tavolo e mantenere un tetto sopra la loro testa.

Che intenzioni stai prendendo nella tua vita quotidiana? Ti stai occupando dei tuoi affari, interagendo con i tuoi amici, amando i tuoi figli e guadagnando da vivere come tutti gli altri? Stai lavorando con amore?

In quel caso non hai bisogno di una pistola e probabilmente non vai in giro con una pistola attaccata al tuo corpo.

Occasionalmente, qualcuno mette in atto la propria paura e uccide gli altri in qualche atto di violenza casuale e folle, ma quel atto non cambia il modo in cui la vita lavora per te - a meno che tu non lo lasci.

Punto di riflessione

Hai paura delle persone che non appartengono al tuo gruppo, parlano la tua lingua o adorano il tuo Dio?

Azioni da considerare

Scegli di lavorare con amore nella tua vita quotidiana.

Trascorri del tempo con qualcuno di uno dei gruppi che temi.

Sorridi quando incontri sconosciuti in strada.

Tratta tutti quelli che incontri come un pari, nonostante ciò che sembrano o ciò che indossano.

Annota le tue osservazioni e pensieri nel tuo diario.

Le scritture

Non è la verità semplicemente perché qualcuno l'ha scritto in un libro prima che tu nascessi.

Le credenze religiose sono radicate nelle Sacre Scritture antiche; libri scritti centinaia o migliaia di anni fa, che sono venerati come depositi di verità o come la parola di Dio.

È interessante notare che nessun testo sacro fu scritto dal Santo associato ad esso fino al tempo di Bahá'u'lláh, chi ha fondato la fede Bahá'í alla fine dell'Ottocento.

La Bibbia cristiana, ad esempio, contiene quattro Vangeli; storie sulla vita di Gesù, raccontando ai lettori chi era, cosa diceva, cosa faceva e cosa gli accadeva. Ogni Vangelo è stato scritto da una persona diversa, non necessariamente la persona il cui nome è associato ad esso, ed indirizzato ad un pubblico diverso. Ma nessuno Vangelo è stato scritto da Gesù o registrato durante la sua vita.

La stessa situazione vale per la maggior parte degli altri testi sacri. Anche il Buddha, per esempio, non scrisse nulla. Tutto ciò che sappiamo di lui e dei suoi insegnamenti è stato registrato dai discepoli, secoli dopo la sua morte.

Le prove storiche suggeriscono che le storie e gli insegnamenti nelle Sacre Scritture si basano sulla trasmissione di insegnamenti orali, da una generazione di discepoli alla successiva, per lunghi periodi di tempo. È necessario attribuire una grande capacità di memoria a quegli insegnanti e loro studenti per accettare il prodotto scritto finale come privo di errori o anche lontanamente simile a ciò che è stato insegnato in origine.

Poi, ci sono le domande che sorgono dalla censura, dalla revisione, e dagli effetti della traduzione dalle lingue antiche in parole moderne.

Non si può negare che le Sacre Scritture contengano verità universali. Però, dobbiamo riconoscere anche che contengono distorsioni, norme culturali e visioni del mondo in linea con il loro tempo di origine o traduzione.

Le parole nelle Sacre Scritture non sono da leggere alla lettera. Le Scritture non sono state scritte come i libri moderni. Sono stati scritti per trasmettere una credenza nel messaggio consegnato o rivelato da un Santo.

Spesso, quel messaggio è nascosto in un contesto che noi moderni non capiamo più e dobbiamo chiedere una guida.

Punto di riflessione

Che cosa sai per davvero delle tue Sacre Scritture? Chi le ha scritte? Quando? Dove? Perché?

Azioni da considerare

Prossima volta che studi le tue Sacre Scritture, prendi un momento per riflettere sull'affidabilità delle parole che stai leggendo.

Studia la storia delle tue Sacre Scritture.

Medita su un brano delle Scritture invece di leggerlo semplicemente e vedi se recevi una comprensione diversa di ciò che significa.

Annota le tue osservazioni e pensieri nel tuo diario.

Non andare in collera

Sei sicuro che valga la pena arrabbiarti?

Quando qualcuno ti blocca nel traffico, fai un respiro e rallenti per mantenere il divario di sicurezza o urli abusi e gli dai il dito?

Se ammetti di aver dato il dito, e siamo onesti, tutti l'abbiamo fatto, non è interessante che ci arrabbiamo con uno sconosciuto che non può nemmeno sentirci o vederci?

Certo, ci arrabbiamo anche con le persone che diciamo di amare, le persone con cui trascorriamo così tanto tempo, quando fanno certe cose - anche cose semplici come spremere il dentifricio nel modo sbagliato.

Quando non siamo consapevoli e ci identifichiamo con il nostro ego, lasciamo che tante piccole cose e le affronti immaginari ci turbano, semplicemente perché prendiamo ogni cosa personalmente.

Ci piace avere ragione e ci concediamo il permesso di arrabbiarci quando qualcuno fa o dice qualcosa con cui non siamo d'accordo o fa qualcosa che ci causa un inconveniente leggero.

Accettare la responsabilità della tua vita è riconoscere che non vuoi più vivere così. Significa che prendi il controllo della tua risposta a qualsiasi situazione specifica e dai un momento per pensarci - e ci vuole solo un momento - prima di rispondere.

Ricordare di respirare aiuta. Ti dà quel poco di spazio per chiederti: sei sicuro che valga la pena arrabbiarti?

La cosa divertente è, tuttavia, che la maggior parte delle cose non vale la pena arrabbiartene e quando smetti di reagire e inizi a scegliere le tue risposte consapevolmente, ti senti molto meglio.

Ci sono molte cose di cui possiamo giustamente arrabbiarci. Cose come l'ingiustizia sociale, la corruzione, lo sfruttamento, la discriminazione, l'abuso di potere e la guerra. Ma la risposta non è semplicemente esplodere di rabbia davanti al televisore quando guardi quelle cose al telegiornale.

Se quelle cose ti turbano, sii coinvolto. Diventa un guerriero per il cambiamento. Impegnati nel processo politico.

Se l'azione politica non è la tua chiamata, ricorda di respirare, lascia passare il momento d'ira e ritorni la tua attenzione a ciò che facevi.

Punto di riflessione

Usi la consapevolezza per prendere coscienza di ciò che accade intorno a te?

Azioni da considerare

Fa' un elenco delle cose che ti turbano e chiediti se qualcosa in quella lista vale davvero la pena di arrabbiartene.

Esercitati a essere attento mentre percorre la tua giornata.

La prossima volta che incontri una situazione di cui ti arrabbi, ricorda di fermarti e vedi se puoi scegliere di rispondere in modo diverso.

Annota le tue osservazioni e pensieri nel tuo diario.

Nelle profondità

Puoi trovare la quiete affondandoti sotto le onde superficiali della vita.

Se osservi il mare, tutto il tumulto è in superficie dove si trovano le onde. Quando ti immergi in quelle acque tumultuose e ti lasci affondare nelle profondità sotto quelle onde, ti ritrovi in un luogo di tranquillità.

La vita è molto simile al mare. Tutto il dramma si svolge sullo strato superficiale in cui puoi vedere e sentire cosa sta succedendo senza capire perché sta accadendo.

Quando fai attenzione allo strato superficiale, la vita sembra caotica ed intensa. Non c'è nessuna pace nell'attività frenetica che consideri di essere la tua vita quotidiana. Quasi ogni giorno, c'è così tanto dramma che non riesci a sentire i tuoi pensieri.

Fortunatamente, c'è un posto dove puoi trovare pace e tranquillità, dove puoi raccogliere i tuoi pensieri ed ascoltare la voce che parla solo d'amore. Per andare lì, devi solo spostare la tua attenzione dalla superficie e lasciarla affondare nelle profondità dentro di te.

Lo fai scegliendo di fermarti e prenderti un momento per te stesso. Non c'è bisogno di ritirarti dalla vita e nasconderti in monastero o eremo. Puoi farlo esattamente dove sei, anche nel mezzo del caos.

Questo è un ruolo che la meditazione assume nella vita. Stabilire una routine quotidiana di sederti tranquillamente e permettere alla tua attenzione di entrare all'interno è il portale in quelle profondità.

Per la maggior parte di noi, la vita è impegnata. Abbiamo cose da fare, bisogni di cui occuparci e doveri da assolvere. È facile convincerti che non hai il tempo di meditare o sederti tranquillamente senza fare nulla. Ma questa conclusione è basata su un malinteso.

La meditazione non è una specie di fuga dove non stai facendo nulla. Quando mediti, trascorri del tempo a conoscere te stesso. Trascorri del tempo ad accedere alle dimensioni della vita oltre i limiti del fisico. Ti colleghi alla tua fonte e ricarichi la tua anima.

La meditazione ti da anche l'opportunità di rivedere le tue esperienze e vederle da diverse prospettive. Ti aiuta a chiarire il tuo pensiero.

Certo, è più facile meditare in un posto tranquillo ma puoi meditare ovunque, anche in metropolitana o un ufficio affollato. Tutto ciò che serve è spostare la tua attenzione lontano dal dramma che ti circonda. A volte ci vuole solo un momento. A volte una dose giornaliera di venti minuti funziona meglio.

Punto di riflessione

Spesso resistiamo a fare le cose che non comprendiamo appieno o qualcosa che sembra estraneo. La meditazione è una di quelle cose per te?

Azioni da considerare

Fa' delle ricerche sulle varie forme di meditazione.

Impara a meditare.

Impegnati o ricomincia a una pratica di meditazione quotidiana.

Annota le tue osservazioni e pensieri nel tuo diario.

La pazienza di aspettare

Ci sono momenti in cui devi aspettare che quella porta si apre.

"Quando una porta si chiude, se ne apre un'altra."

Quante volte hai sentito quella frase quando qualcosa ha terminato nella tua vita?

La mia esperienza di vita suggerisce che questa affermazione suona vera, anche se ci sono volte quando devi aspettare per quella porta nuova di aprire. A volte, non sei pronto per quella prossima possibilità. A volte, non puoi vedere la porta fino a quando qualcos'altro si sposta, di solito la tua prospettiva.

In questi giorni sembra che abbiamo sempre fretta. Non abbiamo la pazienza di aspettare. Vogliamo che B segua A oggi e non nella prossima settimana. Abbiamo paura di perdere un'opportunità, quindi quando una cosa, che sia un lavoro o una relazione, finisce, ci precipitiamo fuori per avviarne un'altra. Non ci prendiamo il tempo di fermarci e passare dalla fine di ciò che era all'inizio di ciò che potrebbe essere. Non ci concediamo alcun tempo morto per elaborare ciò che è appena accaduto.

Ecco perché la porta rimane chiusa.

Quando accetti la responsabilità della tua vita, ti prendi il tempo necessario per capire cosa vuoi fare dopo. Ti prendi il tempo per imparare la lezione di quel finale. Ti prendi il tempo per esplorare nuove possibilità.

Quando la paura ti guida, non aspetti che si apre la porta, la forzi, e cominci un nuovo lavoro, una nuova relazione. Ma quando affretti le cose, la tua soluzione immediata è di solito temporanea e, prima che te ne accorga, sei tornato ad un finale, perché la Vita continua a presentarti le tue lezioni finché non presti attenzione e fai il lavoro necessario per imparare dalle tue esperienze.

Aspettare che la porta seguente appaia e poi si apre richiede fiducia: una fiducia nel processo della vita. Devi avere fiducia che il tuo sé superiore, quella parte di te che ricorda che è connessa alla Sorgente, sa cosa sta facendo.

A volte non è facile ma quando aspetti, trovi sempre la porta giusta.

Punto di riflessione

Pensa all'ultima volta che qualcosa ha terminato nella tua vita. Come hai gestito questa transizione? Hai aspettato che la porta si aprisse o sei entrato nella prima in cui ti sei imbattuto?

Azioni da considerare

Annota le tue osservazioni e pensieri nel tuo diario.

La morte

La morte è un evento per gli osservatori. Morire è un processo di vita per i partecipanti.

La vita si svolge come una serie di eventi. Gli eventi della tua vita possono essere molto diversi dagli eventi di qualsiasi altra vita, ad eccezione della morte - un evento comune in ogni vita. Non c'è scampo dall'esperienza della morte.

Le persone muoiono ogni giorno. Quando è la morte di una persona cara, può essere un'esperienza traumatica. Quando è la morte di uno sconosciuto, è una notizia.

L'impatto della morte dipende dalla tua comprensione di chi sei.

Se ti identifichi con il tuo corpo, allora la morte sembra essere la fine e potresti soffrire di una perdita profonda quando muore qualcuno caro, temendo di non vederli mai più. Potresti anche temere l'annientamento alla tua stessa morte.

Se ti vedi come un essere spirituale che sta avendo un'esperienza umana, capisci che la morte non è la fine. Non è nemmeno qualcosa da temere. È semplicemente il momento per chi è morto di consegnare il loro incarico. Sai che li rivedrai perché capisci che gli spiriti sono immortali. Solo i corpi muoiono.

Non importa come vedi la morte, è un'esperienza che avremo tutti in questa vita. Affrontare la morte è una delle nostre paure più grandi, ma non deve essere affatto una paura.

La nostra paura di morire viene dalle storie che ci raccontiamo di morire; non è la morte stessa che fa così paura. In effetti, se sei mai stato presente quando qualcuno è morto, sai che spesso è un'esperienza molto serena per tutti coinvolti - inclusa la persona che sta morendo.

La morte è uno degli argomenti che non includiamo nell'elenco delle cose di cui parlare finche la morte non ci fissa negli occhi o quando ci rendiamo conto d'essere gli ultimi membri della nostra coorte ancora qui.

In *La Via della Maestria*, Jeshua ci dice che il punto centrale della sua morte e risurrezione è stato di ricordarci che la morte non è la fine. È solo un'altra esperienza.

Certo, la Chiesa ci ha raccontato la storia di inferno e dannazione per tenerci sotto controllo, ma non devi crederci. È solo un'altra storia.

Punto di riflessione

Ti spaventa il pensiero della tua stessa morte?

Azioni da considerare

Leggi *Molte Vite, Molti Maestri* di Brian Weiss o *Ipnosi Regressiva: La guida innovativa alla vita tra le vite* del Dr. Michael Newton.

Partecipa in una regressione delle vite passate.

Parla della morte come un'esperienza di vita e non come qualcosa da temere.

Annota le tue osservazioni e pensieri nel tuo diario.

La bellezza

Cerca la bellezza - è sempre lì.

La bellezza è un dono da Vita, un'espressione di Grazia, ed è ovunque - se sai come vederla. Perfino una giungla di cemento come New York non può nascondere la bellezza, come ti dirà chiunque che ha camminato lungo la High Line o si è seduto in uno dei suoi piccoli parchi.

La natura è un'espressione di bellezza che molti di noi riconosciamo. Fortunatamente, non tutti vedono un deposito di legname quando vedono una foresta o un bel posto per costruire un porto turistico quando si imbattano in una zona paludosa.

La natura non è la sola espressione della bellezza.

C'è un'essenza di bellezza dentro ognuno di noi. Certo, a volte è difficile da vedere, specialmente quando proiettiamo i nostri pregiudizi sugli altri, ma è sempre lì.

È persino lì dentro i nostri nemici, nei cuori di tutte quelle persone che non capiamo e che non vogliamo nel nostro cortile.

Non tutta la bellezza è trovata nella grandiosità delle stelle o nelle maestose foreste e montagne. La bellezza è anche trovata sotto i piedi, nel fango. Il problema è che tendiamo a concentrarci sul fango e la bellezza non la vediamo.

È facile essere distratto da ciò che accade intorno a te; tutto il dramma nei media; l'isteria dei tuoi amici; e le tue stesse paure per il futuro. E in quella distrazione, spesso non vedi i segni della bellezza che sono ovunque.

Senti il dolore della tua amica ma non riesci a vedere il calore nel suo sorriso. Senti delle cose storte che succedono nel mondo ma non noti le cose che vanno bene - anche quelle cose che vanno bene nella casa tua.

Concediti il permesso di rallentare, di distogliere lo sguardo da tutto che richiede la tua attenzione e di cercare la bellezza della tua vita.

È sempre lì.

Punto di riflessione

La bellezza è negli occhi, non di chi guarda ma di tutti. Cerca la luce del divino: è visibile come uno scintillio negli occhi o nel calore di un sorriso.

Azioni da considerare

Cerca lo scintillio negli occhi di ogni persona e il calore nel loro sorriso.

Lascia brillare la tua luce mentre trascorri per la tua giornata.

Annota le tue osservazioni e pensieri nel tuo diario.

Un essere bellissimo

Io sono bellissimo.

La bellezza è presente nella persona che è con te in ogni momento di ogni giorno: tu. Ma spesso tu manchi di riconoscere quella presenza.

Sei un essere bellissimo, nonostante le storie che hai raccontato a te stesso o sentito dagli altri.

Non stiamo parlando della bellezza di forma - dei corpi o dei volti - che è definita dalle norme culturali o pubblicitarie. Quando parli della bellezza di forma, stai parlando della confezione senza sapere nulla del contenuto.

Stiamo parlando della bellezza interiore: il contenuto che brilla dentro di noi, nonostante le nostre apparenze esterne. Questa è la luce che fuoriesce e permette agli altri di vedere la nostra bellezza - la nostra propria natura vera - anche quando la stiamo negando.

Tutti abbiamo una scintilla del divino dentro di noi, anche quando stiamo commettendo atti di violenza e distruzione - atti che servono a ricordarci che stiamo agendo per paura e che abbiamo dimenticato chi siamo nel nostro cuore.

A volte, devi fermarti e prendere il tempo per imparare ad amare te stesso prima che la tua bellezza ti diventa visibile. E ci sono volte quando qualcun altro deve vederla dentro di te prima che tu creda che sia lì.

Ciò non significa che la tua bellezza non sia lì. È una funzione preinstallata. È operativa dal momento in cui sei nato.

Hai iniziato la tua vita come un bellissimo bambino, proprio come tutti gli altri. Dopo sei cresciuto e hai cominciato a credere alle storie che la gente raccontava di te. Hai iniziato a credere che eri qualcosa senza bellezza.

Le storie sono opinioni. Non sono fatti. Tutti i narratori vedono il loro mondo attraverso i filtri delle loro prospettive o pregiudizi. Se vogliono vederti come qualcosa di diverso dal bello, questo è il loro problema.

Quando accetti la responsabilità della tua vita, diventi il tuo narratore. Puoi vedere te stesso e il tuo mondo come preferisci.

Perché non scegliere la bellezza?

Perché non essere bello?

Punto di riflessione

Quanto è difficile per te dire a te stesso che sei bellissimo?

Azioni da considerare

Medita sulla bellezza interiore.

Descrivi come ci si sente a sapere che sei una persona bella.

Annota le tue osservazioni e pensieri nel tuo diario.

La natura ti aspetta

La natura ti aspetta per accettare il suo dono di restauro.

C'è qualcosa nell'essere circondati e abbracciati dalla natura che ripristina l'anima. Senti un'energia diversa quando sei nel profondo del bosco o ascolti le onde che si infrangono sulla battigia.

Siamo diventati in gran parte urbani e in qualche modo estranei dalla natura nelle nostre cittadelle. Trascorriamo i nostri giorni circondati da strutture prodotte dall'uomo e suoni artificiali.

In alcune città, non è mai tranquillo. In effetti, c'è un'energia frenetica di attività nelle nostre città, dove milioni di noi ci affolliamo insieme, stipati in condomini alti o in periferie che si estendono attraverso il paesaggio, coprendo tutti i segni della natura con spazi concreti e pianificati.

La natura, in tutte le sue forme, non solo nella natura selvaggia, ci offre il dono di rallentare e il dono di suoni che non disturbano i nostri sensi o il nostro riposo.

È così rilassante ascoltare il suono ripetitivo delle onde che si infrangono o il gorgoglio di un ruscello quando l'acqua scorre sopra e tra le rocce mentre si dirige verso un livello inferiore nel paesaggio.

Per fortuna, ci sarà sempre un posto dove possiamo andare per essere abbracciato dalla natura. Potrebbe essere una riserva naturale. Potrebbe essere una zona agricola. Potrebbe essere una foresta rigenerante o un parco nazionale. Potrebbe essere il parco nel mezzo della città, messo lì dagli urbanisti abbastanza saggi da sapere che tutti hanno bisogno della natura per il restauro.

Forse è perché ho trascorso i miei primi anni in mezzo al nulla, nella tranquillità dello spazio aperto d'Australia, che bramo l'abbraccio della natura dopo aver trascorso del tempo in una città, in qualsiasi città. Ma io non la penso così.

Non sono l'unico in cerca di una pausa lontano dal trambusto. Anche le persone che hanno abitato sempre nelle città stanno sfruttando i vantaggi di trascorrere qualche ora o qualche giorno nella natura.

È un regalo che ti aspetta.

Punto di riflessione

Alcuni resistono al richiamo della natura e rifiutano il dono della restaurazione, temendo ciò che possono trovare lì.

Azioni da considerare

Fa' una passeggiata quotidiana nel parco o lungo la spiaggia.

Regalati un giorno o un weekend lontano dalla città.

Annota le tue osservazioni e pensieri nel tuo diario.

La rabbia

Quando sei arrabbiato, non riguarda me.

Non c'è niente di sbagliato nella rabbia. È un'emozione; un sentimento, come tristezza o dolore o gioia. Viviamo tutti le emozioni.

A volte ti senti arrabbiato quando le cose non vanno come tu vuoi o quando le persone dicono cose che ti turbano.

A volte hai semplicemente la sensazione di essere arrabbiato con il mondo o per come stanno le cose.

Non importa quale sia la causa apparente della tua rabbia, la tentazione è quella di cercare qualcuno o qualcosa con cui arrabbiarsi. A volte usiamo persino la nostra rabbia come un'arma nel tentativo di ottenere la nostra strada o un trattamento preferenziale.

Riguarda l'interpretazione - la tua interpretazione di un evento. Abbiamo già discusso del fatto che tutti gli eventi sono neutrali, quindi cosa hai proiettato su un evento, che sia qualcosa che qualcuno ha detto o fatto o una catastrofe mondiale, che ha scatenato la tua rabbia?

Sì, è esattamente quello che sto dicendo. Sei responsabile della tua rabbia. Se l'evento è stato neutrale, perché stai scegliendo la rabbia e non qualcos'altro?

Perché stai scegliendo di prendere le parole o le azioni personalmente?

Chissà perché abbiano detto quelle parole o perché abbiano fatto qualunque cosa? Perché ti sei lasciato turbare?

Con ogni probabilità, non aveva niente a che fare con te, quindi perché hai pensato che lo fosse?

Anche quando qualcuno ti sta urlando contro, si tratta comunque di loro. Hanno permesso qualcosa di infastidirli e ti stanno usando come un bersaglio comodo per sfogare la loro rabbia.

Non è quello che facciamo tutti quando siamo arrabbiati?

Ma non devi giocare in questo modo.

Accettare la responsabilità della tua vita ti permette di vedere che non hai più bisogno di incolpare gli altri o gli eventi esterni per come ti senti. Capisci che la rabbia è una risposta scelta.

Ora la domanda che devi fare è: perché sto scegliendo questa risposta?

Punto di riflessione

Ci arrabbiamo tutti. A volte sembra che non ci sia altra scelta, ma c'è sempre un'altra scelta.

Azioni da considerare

La prossima volta che qualcuno ti infastidisce, fa' una pausa e ricorda a te stesso che la tua risposta è sempre su di te. Sì, è vero che l'altra persona potrebbe aver fatto qualcosa che ritieni sconvolgente, irrispettosa o offensiva - ma quello è solo la tua interpretazione.

La prossima volta che qualcuno è arrabbiato con te, ricorda che non si tratta di te prima di rispondere.

Annota le tue osservazioni e pensieri nel tuo diario.

Senza cambiamenti

Apprezza le persone della tua vita - proprio come sono.

Siamo tutti tentati di modificare le persone nella nostra vita, un po 'qui, un po' lì, per farle conformare alla nostra versione idealizzata di esse. Diamo loro una piccola spinta nella direzione giusta quando il loro comportamento non soddisfa le nostre aspettative, diciamo loro di pensare diversamente quando non sono d'accordo con noi e di stare più attenti con le loro parole quando pensiamo che hanno offeso qualcuno.

Con i nostri figli lo facciamo con le migliori intenzioni: vogliamo che diventino adulti responsabili. Il problema è che alcuni di noi non riescono a smettere di farlo anche quando sono cresciuti.

Ci innamoriamo di una persona meravigliosa ma non appena la luna di miele è finita iniziamo a cercare di cambiarli. Alcuni di noi non aspettano nemmeno così tanto.

È inutile. Puoi dedicare anni lavorando per cambiare qualcuno che affermi di amare e non hai nulla da mostrare, tranne il loro risentimento.

Accettare la responsabilità della tua vita richiede che tu riconosca che c'è solo una persona sotto il tuo controllo: te stesso.

La vita diventa molto più piacevole quando accetti le persone così come sono. Tutti abbiamo i nostri difetti. Tutti abbiamo i nostri piccoli manierismi fastidiosi, anche tu.

Quando apprezzi qualcuno così com'è, in realtà lo conosci per quello che è, invece della persona che vuoi che sia.

Sì, lui potrebbe russare, ma è ancora una persona meravigliosa. Sì, lei potrebbe tormentarti per fare le cose, ma è ancora una persona bellissima.

Smetti di sprecare la tua energia nel tentativo di cambiare le persone. Inizia a goderti la loro presenza apprezzandoli per quello che sono: con tutti i loro pregi e i loro difetti insieme.

Punto di riflessione

Critichiamo gli altri troppo facilmente. Mi chiedo perché lo facciamo? È perché cerchiamo di fare che il mondo giochi secondo le nostre regole?

Azioni da considerare

Ascolta te stesso quando parli con il tuo coniuge o con i tuoi figli. Che cosa stai dicendo loro? Stai criticando o apprezzando?

Fa' un elenco delle cose che apprezzi del tuo coniuge.

Fa' un elenco delle cose che apprezzi di ciascuno dei tuoi genitori.

Annota le tue osservazioni e pensieri nel tuo diario.

Essere nel momento presente

Per essere nel momento presente, tieni la mente dove si trova il tuo corpo.

Sognare ad occhi aperti è uno dei modi più semplici per spostare la tua consapevolezza lontano dalla realtà del momento attuale. A volte, ha senso pensare a qualcos'altro, ad esempio, mentre stiamo aspettando, ma il lato negativo del sognare ad occhi aperti è che spesso non notiamo cosa succede intorno a noi.

In questi giorni non devi nemmeno sognare ad occhi aperti. Tutto ciò che serve è uno smartphone.

Tutti abbiamo visto persone sedute intorno al tavolo in un bar con gli occhi incollati ai loro schermi, le dita che formavano il prossimo messaggio o post sui social media, inconsapevoli l'uno dell'altro. Mi chiedo spesso perché siano andati a prendere un caffè insieme.

Dal mio punto di vista, la persona seduta accanto a me, la persona seduta di fronte a me, è più importante in quel momento di una persona con cui sono connesso solo attraverso un dispositivo elettronico.

Quando non sei pienamente presente in momenti come quelli, ti manca la maggior parte, se non tutti, dei messaggi non verbali che sono una parte essenziale della comunicazione personale. Ti manca il linguaggio del corpo che spesso ti dice più delle parole.

Pensa al messaggio che invii quando non ascolti attentamente quello che dice la tua amica perché non puoi distogliere la tua attenzione dallo smartphone. Le stai dicendo che lei non è così importante per te. Le stai dicendo che lei è invisibile per te. Le stai dicendo che qualcuno che non è nemmeno presente nella stanza è più importante per te in quel momento.

Se rifletti su questo per un momento, è facile vedere che c'è una differenza tra essere distratto ed essere scortese.

Basta decidere di spegnere il smartphone quando sei con i tuoi amici, o quando sei fuori nella natura, o quando sei in qualsiasi posto, per permettere la tua mente di essere dove si trova il tuo corpo.

Punto di riflessione

Quanto del tuo momento attuale ti stai perdendo?

Azioni da considerare

Fa' una passeggiata e lascia il tuo smartphone a casa. Se questo è un salto troppo grande, almeno spegnilo mentre cammini.

Trasforma il tuo smartphone in modalità silenziosa quando sei con gli amici.

Spegni lo smartphone quando vai a letto. Se lo usi come sveglia, passa alla modalità aereo.

Annota le tue osservazioni e pensieri nel tuo diario.

Una questione di giudizio

Non sono qui per giudicare o essere giudicato.

Giudichiamo le cose continuamente, quindi rinunciare al giudizio è una sfida.

Una forma di giudizio è la valutazione. È qui che consideriamo i diversi pro e contro di una situazione prima di prendere una decisione. Non stiamo parlando di rinunciare a quel tipo di giudizio. Quel tipo di giudizio è abbastanza utile nella condotta della vita quotidiana.

La forma di giudizio che ci mette in difficoltà è la valutazione degli altri e di noi stessi, in cui critichiamo e spesso cadiamo nella trappola della condanna.

Nessuno di noi ha la minima idea di ciò che succede nella mente o nel cuore di un'altra persona. Ciò significa che qualsiasi giudizio che prendiamo su un altro è basato sulla nostra valutazione del loro aspetto esterno e facciamo tale valutazione attraverso il filtro delle nostre ipotesi su di loro.

Cioè i nostri giudizi sono nient'altro che opinioni basate sulla nostra interpretazione della realtà.

Facciamo lo stesso con noi stessi. Valutiamo noi stessi attraverso il filtro delle nostre supposizioni di noi stessi e della realtà.

Le nostre supposizioni sono basate soprattutto sulle storie e non sui fatti. Se siamo sinceri, riconosceremo che molti dei nostri presupposti sono basati sull'ignoranza.

È sorprendente quanto siamo simili come esseri umani quando superiamo oltre le etichette che ci diamo a vicenda.

Allo stesso modo, quando ci spostiamo oltre le etichette che diamo a noi stessi, ci rendiamo conto che siamo perfetti come siamo e comprendiamo che non abbiamo bisogno di giudicare o condannarci.

Quando ci assumiamo la responsabilità della nostra vita, ricordiamo che non abbiamo bisogno di giudicare gli altri e non abbiamo bisogno di giudicare noi stessi.

Punto di riflessione

Quando incontri qualcuno fuori del tuo gruppo, qualcuno che indossa abiti differenti, o ha convinzioni diverse, o parla una lingua straniera, o ha una pelle di colore diverso, cosa vedi: un compagno umano o un'etichetta?

Azioni da considerare

Sorridi e saluta quando incontri persone per strada, chiunque esse siano sono o sembrino essere.

Ascolta quello che dici delle altre persone. Ti piacerebbe sentire la gente parlare di te come parli di loro?

Quando ti accorgi di giudicare, dì a te stesso: sto giudicando. Sorridi e scuoti la testa e ricorda a te stesso che hai rinunciato al giudizio. Non c'è bisogno di punirti.

Annota le tue osservazioni e pensieri nel tuo diario.

La felicità

La felicità è un lavoro interiore.

Ci vuole del tempo per capire che questo è un lavoro interiore, e utilizziamo molto tempo ed energia nel perseguimento della felicità.

Il messaggio del mondo è che il denaro, l'innamoramento, il raggiungimento dei tuoi obiettivi, il possesso di una casa, un'auto, una barca o qualsiasi altra cosa ti porterà felicità. Questo è un messaggio per convincerti che la tua felicità dipende da qualche altra cosa - qualcosa al di fuori di te.

Alcuni credono al messaggio del mondo. Accumulano un mucchio di soldi, uno sposo amorevole, una casa bella e molte altre cose - solo per scoprire che non sono ancora felici.

Altri si arrendono. Tutto appare troppo difficile e irraggiungibile.

Poi ci sono coloro che sono felici, non importa ciò che hanno o ciò che accade nella loro vita.

La verità è che la felicità non è un risultato o una destinazione. È uno stato dell'essere. È qualcosa che tu scegli di essere.

Non puoi averla, imbottigliarla o venderla. Non puoi acquistarla e non devi guadagnartela.

La felicità è un regalo che dai a te stesso. È un atteggiamento che scegli di adottare che non dipende dalle tue circostanze.

Quando decidi di essere felice, invece di trascorrere la tua vita a inseguire la felicità, vedi le circostanze della tua vita in modo diverso. Smetti di investire così tante energie nella resistenza e nelle lamentele, e accetti che, per il momento, la vita è così.

In questo modo puoi usare la tua energia per trasformare le cose che desideri cambiare nella tua vita.

Decidendo di essere felice, decidi di non essere determinato dalla tua situazione. In questo modo puoi essere felice quando le cose vanno bene per te e quando no.

Tutti noi gioiamo di stare con gente felice. La felicità è contagiosa. È un regalo che puoi condividere semplicemente scegliendo di essere felice.

Punto di riflessione

La felicità è un dono che fai a te stesso. È un atteggiamento che scegli di avere. Non è una questione di circostanze.

Azioni da considerare

Concediti il permesso di essere felice.

Annota le tue osservazioni e pensieri nel tuo diario.

La riconoscenza

Apprezza ciò che hai.

Quando le cose non vanno come preferisci, è facile trascurare le cose che sono andate bene per te e iniziare a lamentarti.

Apprezzare quello che hai è uno dei modi d'essere contento con la tua vita.

Prenditi un attimo per guardare in giro. Osserva le cose e le persone della tua vita. Notali. Sii grato per loro.

Forse il tuo iPhone non è la versione più recente. Sii grato che funziona ancora. Forse il tuo amante non è perfetto. Sii grato di avere qualcuno che ti ama.

Non devono nemmeno essere le tue cose perché tu ne sia grato. Possono essere cose a cui hai accesso, come giardini pubblici, mezzi di trasporto pubblico e la biblioteca locale.

Secondo la legge d'attrazione, attiri nella tua vita le cose a cui dai la tua attenzione. Quindi ha senso concentrarti sulle cose a cui dai valore, perché sono le cose che vedi desiderabili e vuoi avere di più nella tua vita.

Talvolta ci troviamo in circostanze sfavorevoli. Un apparecchio si guasta in un momento critico, qualcuno ti delude, tu perdi il lavoro, il tuo amante ti lascia o ti ammali.

Accettare la responsabilità della tua vita significa riconoscere che le cose vanno così al momento e capire che le cose non ti accadono mai, ma accadono per te.

Chiediti: "Cos'è la lezione qui?"

Spesso, è solo dopo aver imparato la lezione che puoi apprezzare le circostanze che te l'hanno portata.

Quando puoi apprezzare le cose buone e cattive che accadono mentre ti fai strada nella vita, sai che hai accettato la piena responsabilità della tua vita.

Punto di riflessione

Siamo circondati dall'abbondanza che spesso non riusciamo a notare.

Azioni da considerare

Prenditi un momento per guardare in giro. Osserva le cose e le persone nella tua vita. Notali. Sii grato per loro.

Fa' un elenco delle persone che apprezzi essere nella tua vita.

Fa' un elenco dei tuoi successi.

Fa' un elenco di tutte le cose che dai per scontate, tutte quelle cose che ti aspetti sempre di essere lì.

Annota le tue osservazioni e pensieri nel tuo diario.

Il segreto del perdono

Il segreto del perdono è perdonare te stesso per tutti i tuoi fraintendimenti.

Usiamo la nostra interpretazione delle intenzioni altrui per immaginare ogni sorta di offese e ferite. Il tuo sposo, ad esempio, dice qualcosa che ritieni offensivo. Tu vedi un attacco. Ti senti offeso o dato per scontato.

Ma il tuo sposo non ha fatto nient'altro che dire una serie di parole.

È stato un evento neutrale finché non hai assegnato un'interpretazione. Ma invece di chiedere una spiegazione, presumi di sapere cosa il tuo sposo ha voluto dire con quelle parole. Tu finisci per formulare un giudizio basato su un'interpretazione sbagliata.

Quando le nostre relazioni diventano tese sotto il peso dei nostri fraintendimenti, sentiamo il bisogno di perdonare per ripristinarle.

La tentazione è di essere magnanimi, di offrire il ramoscello d'ulivo, di perdonare l'altro per la sua una o tante trasgressioni.

Il perdono non funziona così.

Quando provi a perdonare in quel modo, finisci per odiare te stesso per aver inghiottito di nuovo il tuo orgoglio. Li hai lasciati evitare le responsabilità quando quello che volevi era una scusa. Sai che l'hai fatto solo per ripristinare la pace. Senti ancora che hai ragione e che, come sempre, sei stata la persona migliore.

Perdonare significa riconoscere i tuoi fraintendimenti e perdonare te stesso per averli proiettati sull'altro. Ciò coinvolge liberare l'altro dai tuoi giudizi e diventare aperto a vederli come sono.

Dal punto di vista di chi accetta la responsabilità, sentirsi ferito o offeso è una risposta.

Invece di aggrapparti al tuo senso di offesa, chiediti perché hai scelto di rispondere così. Trovare il motivo del tuo fraintendimento è un primo passo per essere in grado di rispondere in modo diverso la prossima volta.

E ci sarà un'altra volta. Altrimenti, come saprai se hai imparato quella lezione particolare?

Punto di riflessione

Invece di aggrapparti al tuo senso di offesa, chiediti perché hai scelto di rispondere così.

Azioni da considerare

Riconosci i tuoi fraintendimenti e perdona te stesso per averli commessi.

Perdona tutti coloro che, secondo te, ti hanno offeso, e liberali dai giudizi che gli hai fatto in quel momento.

Decidi di chiedere una spiegazione invece di speculare sulle intenzioni degli altri.

Annota le tue osservazioni e pensieri nel tuo diario.

Le cose brutte succedono

Le cose brutte succedono. Puoi vederle come calamità da affrontare o come opportunità da sviluppare.

Non sarebbe meraviglioso se, dopo un momento di chiarimento sulla montagna, tutto nella tua vita scorresse senza sforzo?

Purtroppo, dalla mia osservazione, la vita non gioca così. Le cose che preferiremmo non affrontare continuano a comparire, spesso all'improvviso.

Ma qualsiasi cosa accada, sei sempre libero di scegliere come vuoi rispondere.

Sembra che la reazione umana predefinita sia vedere le cose nella peggiore luce possibile. Probabilmente questa reazione deriva dalla convinzione che la vita è una battaglia contro gli elementi. Forse c'è stato un periodo in cui quella convinzione era vera ma, per la maggior parte di noi, non è più vera.

Quello che sembra un ostacolo è spesso una soluzione mascherata, ma non vedrai mai quella soluzione se ti concentri solo sull'ostacolo come ostacolo.

Se vedi solo un ammasso di merda quando qualche cosa brutta succede, non vedrai mai il fertilizzante nascosto in piena vista, semplicemente perché ti stai concentrando sul problema e non sulle soluzioni possibili.

Tutto ciò che serve è un piccolo cambiamento della percezione. Invece di fare la solita domanda: perché mi è successo? Fa' una domanda diversa: mi chiedo perché questo è successo?

Quando fai questa domanda, ti concedi l'opportunità di vedere un campo di possibilità, invece di una calamità o di un ostacolo che blocca la tua strada.

Spesso, tutto quello che serve è la volontà di pensare fuori dagli schemi o la volontà di mettere da parte il tuo senso di svantaggio.

Talvolta, ciò che sembra un'esperienza negativa è in realtà un'opportunità per risolvere un problema al servizio degli altri.

In altre parole, non si tratta sempre di te, ma piuttosto di ciò che puoi fare per gli altri applicando la tua prospettiva e i tuoi talenti unici.

Punto di riflessione

Quello che sembra un ostacolo è spesso una soluzione mascherata, ma non vedrai mai quella soluzione se ti concentri solo sull'ostacolo come ostacolo.

Azioni da considerare

Leggi *La via dell'ostacolo. L'arte di trasformare le difficoltà in opportunità* di Ryan Holiday.

Decidi di chiederti perché le cose succedono invece di chiederti perché succedono a te.

Annota le tue osservazioni e pensieri nel tuo diario.

La fine delle relazioni intime

Nessuno porta via nulla da te quando ti lasciano.

Mettiamo così tanta energia emotiva nelle nostre relazioni che spesso siamo devastati quando terminano.

Per coloro che rimangono indietro, la morte sembra un colpo crudele, e quando gli amanti si separano, si dice che i cuori sono spezzati. Alcuni di noi cadono in una depressione profonda quando il nostro amante lascia la relazione o il pianeta.

Non c'è niente di sbagliato nel piangere la fine di una relazione. Invece è una reazione sana che ti permette di passare a un nuovo inizio, forse con qualcun altro o da solo.

Tutti sopravviviamo a quei finali, e prima o poi, ricominciamo a vivere. E quando ricominciamo a vivere, ci rendiamo conto di non essere diminuiti per niente. Siamo ancora chi siamo sempre stati e forse un po' più sapienti dopo l'esperienza.

È una bella sensazione essere amato da un altro, proprio come è un sentimento gioioso amare. Ma noi non siamo i nostri sentimenti e non dipende neanche il nostro valore dall'attenzione degli altri.

È sempre uno sbaglio usare le tue relazioni per definire la tua autostima. La tua autostima proviene da chi sei, non con chi trascorri il tuo tempo o da cosa fai con loro.

Quando la gente si riunisce nelle relazioni, ogni persona porta solo se stessa e questo è tutto ciò che porta via quando se ne va. L'altra persona non acquista nessuna parte di te, nonostante ciò che cantiamo in canzoni d'amore e scriviamo in romanzi rosa. Quei sentimenti sono soltanto illusioni.

Quando ti vedi come un essere spirituale immortale che sta sperimentando un'esperienza umana, ti rendi conto che nessuno se ne va realmente. Invece, semplicemente cambiano aspetto o passano ad una parte della loro storia di vita per quale non ti sei iscritto.

Ci incontreremo di nuovo durante la pausa del semestre tra le vite, quindi non è necessario prolungare il tuo dolore quando finisce una relazione.

Punto di riflessione

Ti definisci dal modo in cui ti vedi rispetto agli altri o come sei: intero e completo?

Azioni da considerare

Leggi *Molte Vite, Molti Maestri* di Brian Weiss o *Ipnosi Regressiva: La guida innovativa alla vita tra le vite* del Dr. Michael Newton.

Annota le tue osservazioni e pensieri nel tuo diario.

Non importa cosa pensano gli altri

Non importa cosa pensano gli altri - è tutto nelle loro teste.

La sola opinione su di te di cui hai davvero bisogno di preoccuparti è la tua.

Sfortunatamente, ci sono un sacco di ricerche che confermano che non pensiamo bene di noi stessi quando ci viene chiesto. Esiste infatti un settore dell'economia basato su terapie destinate ad aiutarci a superare i nostri dialoghi interiori negativi e le immagini negative che abbiamo di noi stessi.

Una delle sfide per incominciare la vita umana è l'infanzia, dove sei dipendente dai tuoi genitori e dagli altri e sei esposto alle loro opinioni su chi sei e ciò che vali. Ma l'infanzia non è l'intero racconto.

Quando diventi adulto hai la possibilità di scegliere le tue convinzioni. Hai l'opportunità di decidere chi sei, nonostante ciò che i tuoi genitori o gli altri pensavano di te e dicevano a te mentre crescevi.

La sfida è riconoscere e cogliere quell'opportunità.

La maggior parte di noi incontriamo questa opportunità a metà degli anni trenta, quando abbiamo quella che è chiamata una crisi di mezza età. Alcuni di noi devono subire una crisi diverse volte prima di capirla come l'opportunità che sia. Altri ignorano l'opportunità o provano a mandare la crisi nell'oblio con le droghe - legali o meno.

Una crisi di mezza età può essere terrificante, ma è anche un'opportunità per abbandonare le opinioni degli altri e iniziare a formare opinioni per te stesso.

È anche il tempo per esplorare altre filosofie di vita, altre religioni e altri punti di vista.

Se, per caso, non hai fatto buon uso della tua prima crisi di mezza età, perché hai scelto di nasconderti nel tuo lavoro invece di esaminare la tua vita, non è troppo tardi.

Concediti il permesso di averne un'altra. Infatti, prendi una decisione ponderata di esplorare altri modi di vedere te stesso, il mondo e il significato della vita.

Il mio consiglio per te è di non accontentarti di quello che qualcun altro, me compreso, ti ha detto è la verità su chi sei. Le loro versioni sono tutte nelle loro teste.

Ciò che vuoi nella tua testa è la versione autentica secondo te.

Punto di riflessione

Com'è andata la tua ultima crisi di mezza età? Hai bisogno di dartene un'altra?

Azioni da considerare

Studia *Un Corso in Miracoli*.

Annota le tue osservazioni e pensieri nel tuo diario.

Se non ne sei consapevole non puoi cambiarlo

È solo quando sei consapevole del tuo comportamento che puoi fare qualcosa al riguardo.

I sonnambuli non sanno quello che fanno mentre lo fanno, e non si ricordano cosa facevano mentre dormivano quando si svegliavano. Di certo non ricordano le conversazioni bizzarre che hanno avuto con la persona che li ha ricondotto al letto.

Puoi attraversare la vita come un sonnambulo, facendo le cose con il pilota automatico senza alcuna consapevolezza di ciò che stai facendo. Molto del tuo comportamento abituale succede in una nebbia di sonnambulismo.

C'è un'altra mancanza di consapevolezza da che devi svegliarti in aggiunta alle abitudini - la tua ignoranza degli effetti delle parole che dici agli altri e delle azioni che fai o manchi di fare.

Ogni cosa che fai invia un messaggio all'ambiente intorno a te. Ogni volta che tu manchi al proprio dovere, riverbera attraverso il silenzio a tutti coloro che ti stanno osservando. Ogni parola che pronunci dice ai tuoi ascoltatori qualcosa di te. Persino la tua scelta delle parole e il modo in cui le dici mandano un messaggio sulle tue convinzioni, attitudini e autostima.

Purtroppo, l'ignoranza non crea la felicità. Causa malintesi, sentimenti feriti, confusione, occasioni mancate, amicizie rotte e risposte arrabbiate.

Tuttavia, la ricaduta dall'ignoranza è totalmente evitabile. Tutto ciò che serve è un po' di autocoscienza, cioè devi svegliarti a te stesso e alla tua influenza su chi ti sta intorno.

Pensa ai possibili impatti che le tue azioni o le tue parole potrebbero avere sugli altri, prima di agire o parlare, e tienili in mente quando lo fai.

Se fraintendi le azioni o le parole degli altri, e credimi, lo fai, è molto probabile che gli altri fraintendano qualsiasi cosa che tu dica o faccia, specialmente se non li prendi in considerazione.

Prenda il tempo necessario per renderti conto del contesto di qualsiasi situazioni in cui ti trovi, prima d'interagire con le persone in questione, e quindi nota come ti rispondono.

Non tutte le risposte saranno verbali. Impara a guardare per i loro segnali non verbali. Spesso sono un indicatore più attendibile dei loro sentimenti autentici.

Punto di riflessione

Un senso della propria importanza spesso ci impedisce di essere consapevoli di sé.

Azioni da considerare

Metterti nei panni degli altri per capire il loro punto di vista

Siediti con un amico o un collega per discutere come gli altri ti percepiscono.

Annota le tue osservazioni e pensieri nel tuo diario.

Finali e inizi

Tutti i finali portano a nuovi inizi.

Il tramonto è sempre seguito dall'alba, dopo un po'. Dobbiamo solo durare la notte tra il tramonto e l'alba per salutare il nuovo giorno.

La vita è una serie di inizi che portano a finali che portano a nuovi inizi. Spesso dimentichiamo la totalità di quella sequenza e restiamo intrappolati nel trauma dei finali.

Una relazione finisce. Pensiamo che sia la fine del mondo, piuttosto che vederlo come un'opportunità per far entrare una nuova persona nella nostra vita.

Un lavoro termina o un'attività fallisce. Pensiamo che siamo rovinati o che abbiamo fallito, piuttosto che vedere la possibilità di fare qualcos'altro.

Abbiamo problemi con i nostri finali, nonostante che possiamo guardare al nostro passato e vedere che ogni finale che abbiamo conosciuto ci ha portato a un nuovo inizio, alla fine. A volte nel passato dovevamo sopportare un periodo di transizione, una notte oscura della mente. Non è mai una notte oscura dell'anima.

La vita termina. Questo è la sfida più grande per noi.

Quando una persona che amiamo muore, non la vediamo iniziare una nuova vita, quindi pensiamo che sarà anche la fine per noi quando verrà il nostro turno.

Negli ultimi due millenni, almeno nell'Occidente, abbiamo creduto nell'illusione di avere una sola vita, dopo quale andrai in paradiso o all'inferno a seconda di come strettamente tu hai obbedito le regole - o cesserai di essere, se non credi nelle regole.

Gli scienziati non pensano che avremo un nuovo inizo dopo la morte, tranne per quelle persone che spendono milioni per la criogenia nella speranza di essere riattivati in qualche modo nel futuro quando la Scienza è in grado di riaccendere il loro cadavere - assumendo tutti quegli anni in deposito, congelati in azoto liquido , non li rendono inutilizzabili.

I mistici e i praticanti della regressione della vita passata, d'altra parte, ci dicono che siamo spiriti immortali e che muoiono solo i corpi. Secondo loro, la fine di una vita è semplicemente l'inizio di una transizione verso un nuovo inizio.

Punto di riflessione

La morte è un finale, ma non è la fine. È una transizione verso un nuovo inizio.

Azioni da considerare

Esamina i tuoi finali e i loro nuovi inizi successivi per identificare come gestisci le transizioni.

Annota le tue osservazioni e pensieri nel tuo diario.

Le parole hanno potere

Le parole hanno un potere che può essere utilizzata per sostenere, abbellire o distruggere.

Usiamo le parole per esprimere i nostri pensieri e le nostre convinzioni, per impressionare il mondo e per descriverci l'un l'altro.

Prenditi un attimo per ascoltare le tue parole mentre parli di te stesso.

Le parole che senti sono edificanti e rassicuranti o distruttive? Sono parole di verità o d'infiorettatura?

Ascolta le parole che usi per descrivere gli altri, specialmente quelle che usi per descrivere quelli fuori dalla tua tribù di compagni affini.

Stai usando le parole come mezzo di connessione o come un'arma di alienazione?

La spada è più letale della parola nel combattimento corpo a corpo, ma la parola è molto più efficace come un'arma di distruzione di massa. Basta ascoltare a un politico o un giornalista radiofonico che pratica l'arte di creare paura, e vedere l'effetto delle loro parole sul loro pubblico, per capire di cosa parlo.

Hai bisogno di capire il potere delle parole se vuoi proteggerti dal loro abuso - da te e dagli altri. Accettare la responsabilità significa che devi tenere sotto controllo il tuo uso delle parole e tenere in conto i modi in cui le parole possono essere e sono utilizzate dagli altri.

Sii sincero riguardo a quello che dici quando parli da solo. Impegnati a dirti la verità su come ti senti. Impegnati a usare parole edificanti e rassicuranti invece di parole di dubbio e ripugnanza. Di' la semplice verità. Non c'è bisogno d'infiorettare le tue parole nel tentativo d'impressionare gli altri.

Pensa bene degli altri e usa parole che rispecchiano i tuoi pensieri. Fa' attenzione alla scelta delle tue parole e resta consapevole del contesto in cui parli.

Sii disposto a sfidare i nomi usati per denigrare gli altri, soprattutto coloro che sono rappresentati come nemici.

Punto di riflessione

Pensi tanto alla tua scelta di parole? Ti sei mai pentito di come hai descritto qualcuno?

Azioni da considerare

Fa' un elenco delle parole che ti ascolti usare per descriverti e scrivi un'alternativa edificante per ciascun termine negativo che usi.

Presta attenzione alle tue conversazioni con gli altri e ascolta come parli di altre persone.

Annota le tue osservazioni e pensieri nel tuo diario.

Il potere della pausa

Il potere della pausa è nella ricarica che ricevi da essere scollegato.

Il pulsante sul mio iPhone che mi piace di più è il pulsante di spegnimento. Quando uso l'iPhone come sveglia, lo passo alla modalità aereo prima di coricarmi. Voglio dormire e non essere interrotto da e-mail, messaggi o da un bisogno urgente che qualcun altro ha di parlare.

Di recente ho letto un articolo su una legge approvata in Francia che dà ai dipendenti il diritto di essere non impegnato dopo le ore di lavoro e come i datori di lavoro ne erano più entusiasti dei dipendenti.

Sembra che abbiamo paura della disconnessione.

Nessuno di noi è "Mr Energizer", non importa quanto vorremmo essere come lui. E sappiamo tutti cosa succede alla batteria quando è accesa tutto il tempo. La batteria si esaurisce e non funziona più e deve essere ricaricata prima di funzionare di nuovo.

La stessa cosa succede a te.

Gli esseri umani sono progettati per una ricarica quotidiana, ma le specifiche dell'ultimo modello sono state scritte molto prima dell'arrivo di questa follia di essere sempre sveglio. Se sei sempre sveglio, sempre collegato, sempre al lavoro, quelle sei o otto ore di sonno, terminate da una sveglia che ti chiama per rifare tutto da capo, non sono abbastanza per ricaricarti.

Assumerti la responsabilità significa prenderti cura del proprio benessere, che comprende cose come dieta ed esercizio fisico, ma comprende anche ottenere abbastanza sonno e periodi di inattività.

Una cosa che puoi fare ogni giorno per la ricarica è trascorrere venti minuti in meditazione. Un'altra cosa che puoi fare è ciò che i dipendenti francesi sembrano resistere - disconnettiti dal lavoro quando lasci l'ufficio.

Le pause giornaliere sono corroboranti, ma pause più lunghe dai tuoi dispositivi sono essenziali purchè la tua sanità mentale continui.

Punto di riflessione

Quando è stata l'ultima volta che hai trascorso un fine settimana lontano da casa? Che ne dici di una settimana o più?

Azioni da considerare

Stabilisci una pratica quotidiana della meditazione.

Spegni il telefono quando lasci il lavoro.

Va' in vacanza.

Annota le tue osservazioni e pensieri nel tuo diario.

Amando te stesso

È bene iniziare ad amare te stesso. Probabilmente il posto migliore per iniziare ad amare, davvero.

Ricordo di aver sentito un oratore sul tema dell'amore di sé, che ha affermato che il problema con l'istruzione di Gesù di "amare il prossimo come ami te stesso" è che la maggior parte di noi fa come ci ha chiesto.

Tutti tra il pubblico hanno riso mentre riconoscevano la verità in quella frase.

Sembra che abbiamo qualche problema con questa idea di amare noi stessi. Non capisco come ci aspettiamo che gli altri ci amino quando non riusciamo ad amare noi stessi, ma è così.

L'idea comune di qualcuno che ama se stesso include le connotazioni negative del narcisismo e confonde il vero amore di sé con l'egoismo.

Ma non stiamo parlando del narcisismo o delle grandi idee su noi stessi.

Quando parliamo di amore di sé, stiamo parlando di accettare noi stessi come siamo e trattare noi stessi con bontà amorevole e compassione.

Amare te stesso è essenziale per sviluppare una sana immagine di te stesso e per prenderti cura di te mentre ti fai strada nella vita. È quello che ti dà il coraggio di difenderti, ascoltare i tuoi consigli e avvicinare gli altri con amore.

Quando ami te stesso, sai che va bene prenderti i tempi morti. Sai che va bene coccolarti di tanto in tanto. Capisci che va bene prendere un po' di tempo per annusare le rose e ridere con i bambini.

Gran parte di ciò che facciamo nella vita è nel servizio degli altri. Tutto questo è semplice per coloro che possono amare se stessi. Non provano risentimento perché agiscono per amore e non per senso del dovere.

L'amore per te stesso è una porta alla libertà. È il modo di capire chi sei davvero.

Punto di riflessione

Quando parliamo di amore di sé, stiamo parlando di accettare noi stessi e trattare noi stessi con bontà amorevole e compassione. Stai facendo così?

Azioni da considerare

Scrivi una lettera d'amore a te stesso.

Crea una lista di ciò che vuoi fare per te stesso e fallo.

Annota le tue osservazioni e pensieri nel tuo diario.

Avere un'opinione

Non c'è niente di male nell'avere un'opinione - se ti rendi conto che è proprio come la vedi tu.

Tutti noi abbiamo opinioni. Chiedi a chiunque cosa ne pensa di un argomento e riceverai un'opinione. Poni la stessa domanda a dieci persone e probabilmente riceverai dieci risposte diverse.

Siamo innamorati delle opinioni, principalmente le nostre. Leggiamo i sondaggi d'opinione e ci chiediamo com'è possibile che qualcuno possa pensare queste cose.

Quando studiamo un argomento o seguiamo l'attualità, pensiamo che le nostre opinioni siano ben informate. Forse le nostre opinioni sono ben informate, ma è anche possibile che siano informate dalle idee sbagliate.

Le opinioni sono come le credenze. Le tue opinioni sono basate sulla tua interpretazione degli eventi, ma la tua interpretazione d'informazione dal mondo esterno viene formata dopo quell' informazione ha attraversato i filtri che la tua mente ha costruito. Quei filtri però sono influenzati dalle esperienze che hai avuto e dalle convinzioni che hai intrattenuto prima d'incontrare quei eventi.

In altre parole, vedi quello che vuoi vedere, senti quello che vuoi sentire, e ignori quello che non vuoi sapere. Gli psicologi hanno persino un nome per questa tendenza: pregiudizio cognitivo.

Viviamo tutti in bolle mentali, semplicemente a causa di come funziona il cervello. L'informazione, che fluisce nella tua unità centrale di elaborazione dai tuoi sensi, passa attraverso la tua struttura mentale del mondo prima di essere presentata alla tua consapevolezza come un'interpretazione.

Il fatto che avviene nell'arco di millisecondi non ne conferma la precisione.

Tutti formano opinioni nello stesso modo in cui lo fai tu, anche gli esperti, ma nessun altro ha la stessa struttura mentale che hai tu. Altri possono condividere alcune credenze ed esperienze culturali comuni con te, ma le loro prospettive sono uniche per loro - proprio come le tue sono uniche per te.

La tua opinione è valida e distorta come quella di tutti gli altri, quindi hai bisogno di parlare con gli altri se vuoi ottenere un consenso.

Punto di riflessione

L'accettazione incontestata di qualsiasi opinione, inclusa la mia, è piena di pericoli.

Azioni da considerare

Condividi le tue opinioni senza sentire il bisogno di difenderle.

Ascolta le opinioni degli altri senza sentire il bisogno di concordare o dissentire con loro. Non sono altro che interpretazioni diverse.

Annota le tue osservazioni e pensieri nel tuo diario.

Non ci sono ruoli speciali

Non ci sono ruoli speciali per i pellegrini spirituali.

Chiunque può camminare il viaggio spirituale. Non è riservato ai santi né alle persone speciali. Siamo tutti invitati.

I pellegrini spirituali assumono ruoli secolari mentre fanno il loro viaggio. Non sono chiamati a ritirarsi dal mondo per essere spirituali in un luogo appartato. Quella è una scelta che fanno alcuni, ma non è mai stato un requisito.

I pellegrini riconoscono che tutti sono uguali e che il valore dell'individuo non è determinato dal ruolo che ricopre nel gioco della vita.

I pellegrini sanno che il valore dell'individuo risiede nell'essere la persona che è, nonostante il suo ruolo nel gioco.

Nel gioco siamo tentati di essere speciale, di assumere i ruoli particolari e di considerarci più importanti per quello che facciamo.

In verità, non importa se stai interpretando il ruolo dell'imperatore o dello schiavo, sotto i tuoi vestiti eleganti o i tuoi stracci sei uguale a tutti gli altri.

Le tue esperienze potrebbero essere diverse ma hai gli stessi bisogni e desideri e le stesse lezioni da imparare come tutti gli atri.

La sfida per i pellegrini sul viaggio è d'essere autentici, d'essere fedeli a se stessi mentre svolgono i loro ruoli, e di non permettere che i loro ruoli determino chi siano.

Il più maggiore è il potere associato ad un ruolo, più maggiore è la sfida, ma non pensare che i ruoli modesti siano senza sfide.

Proprio come coloro che svolgono in ruoli potenti possono essere corrotti dall'illusione del loro potere, quelli di noi in ruoli meno prestigiosi possono essere corrotti dall'illusione d'essere le vittime dei potenti.

Tutti sono chiamati a servire e ad assumersi la responsabilità della propria vita. Nel circolo di vita che si ripete, svolgiamo i ruoli che contengono le lezioni che siamo qui per imparare.

Punto di riflessione

Nel gioco siamo tentati di essere speciale, di assumere i ruoli particolari e di considerarci più importanti per quello che facciamo. È così che ti vedi?

Azioni da considerare

Guarda oltre il suo ruolo per conoscere la persona che ti sta davanti.

Sii te stesso al meglio, indipendentemente dal tuo ruolo attuale.

Annota le tue osservazioni e pensieri nel tuo diario.

Senza speranza

Quando rimani impigliato nel dramma di una situazione che sembra d'essere senza speranza, è facile perdere la tua visione del quadro generale.

Esiste un'espressione militare che viene spesso utilizzato nel mondo aziendale – prendere la vista elicottero. Non è difficile capire che significa quella espressione se sei mai stato in elicottero. Si tratta di essere in una posizione di vedere il quadro globale. È per questo che i generali di solito non partecipano ai combattimenti.

Quando sei impegnato alla battaglia campale, nonostante che quella battaglia si sta svolgendo nella tua cucina con il tuo bambino di dieci anni, in autostrada con altri conducenti, in ufficio con il tuo capo o nella tua camera da letto con il coniuge, è facile perdere di vista il quadro generale quando sei impigliato nel dramma della situazione.

La nostra tendenza a concentrarci sui nostri problemi, a starli in ansia, a rifletterci ripetutamente, spesso ci intrappola nel nostro dramma. È peggio quando le cose non stanno andando come li vogliamo e permettiamo al dolore emotivo della nostra situazione di renderci cieco al quadro generale. Perdiamo di vista quelli che ci amano. Crediamo di essere soli. Siamo convinti di non avere opzioni.

Non sei mai solo. Questa è la verità del quadro generale.

Ci sono sempre possibilità, anche quando non riesci a vederle.

C'è sempre un altro punto di vista su quello che stai ossessionando.

C'è sempre qualcuno a cui puoi parlare di ricevere un altro punto di vista.

Ma devi uscire dal tuo dramma per vedere quelle possibilità, e questo non è sempre facile. Devi ammettere a te stesso che sei coinvolto nel dramma della tua situazione e che hai bisogno di aiuto.

È sempre meglio rischiare l'impressione della sciocchezza, piuttosto che fare qualcosa di sciocco perché hai mancato di prendere l'opportunità di vedere la tua situazione da un altro punto di vista.

Potresti non avere accesso a un elicottero, ma non lasciare che questo ti impedisca di prendere la vista elicottero della tua situazione.

Punto di riflessione

Non sei mai solo. Questa è la verità del quadro generale.

Azioni da considerare

Ricorda di respirare ogni volta che una situazione sembra che sia troppo.

Prenditi un momento per riflettere sulla totalità della relazione dopo un momento difficile.

Ricorda che, nonostante come si presenta la situazione, passerà. Niente rimane per sempre.

Annota le tue osservazioni e pensieri nel tuo diario.

Non esistono momenti ordinari

Non esistono momenti ordinari. Ogni momento è un regalo della tua anima in quanto ti guida verso casa.

È allettante vedere la vita come una serie di momenti banali senza conseguenze, che viene interrotta di tanto in tanto da un evento memorabile.

Segniamo la progressione dei nostri anni con anniversari e giornate speciali. Contiamo i giorni fino a Natale o Capodanno. Dimentichiamo di vivere nel momento.

L'essenza della vita consapevole è d'essere nel momento, ogni momento. Quando dimentichiamo di vivere nel momento, dimentichiamo di amare nel momento.

La vita non crea momenti ordinari. La vita fornisce solo momenti. Classificarli come ordinari è un giudizio basato sulla prospettiva.

Cose straordinarie accadono quando vivi nel momento semplicemente perché sei presente a ciò che accade intorno a te. Non manchi di vedere i segnali silenziosi che costituiscono tanto della comunicazione interpersonale. Sei consapevole di come il tuo comportamento influisce gli altri. Tu noti i cambiamenti sottili nelle vibrazione del tuo campo di energia quando incontri altre persone o quando le circostanze intorno a te cambiano.

Tutto ciò che hai bisogno di fare per essere presente nel momento è prestare attenzione a ciò che stai facendo o alla persona con te.

Puoi riempire i tuoi momenti con le cose ordinarie della vita, ma ciò non li rende ordinari. La grandezza deriva dall'attenzione rivolta alle cose ordinarie nel momento presente. Attenzione ai dettagli è cosa rende capolavori e rapporti duraturi.

Spesso sono i piccoli gesti, non le grandi dimostrazioni d'affetto che accompagnano la celebrazione di un giorno speciale, che fanno la differenza in una relazione.

Ogni momento è un'opportunità d'essere il tuo sé amorevole.

Ogni momento è un'opportunità per ascoltare i sussurri della tua anima in quanto ti guida verso casa

Punto di riflessione

La vita non crea momenti ordinari. Come un momento sviluppa dipende da te.

Azioni da considerare

Prendi l'abitudine di essere presente a quello che stai facendo o alla persona con te.

Prendi la decisione di prestare attenzione agli altri quando ti stanno parlando.

Apprezza ogni momento come un regalo e stai in ascolto per sentire i sussurri della tua anima.

Annota le tue osservazioni e pensieri nel tuo diario.

L'illusione di avere il controllo

Cosa pensi che tu possa controllare?

Una lezione che ci vuole molto tempo per capire è che c'è solo una cosa che possiamo controllare: la nostra risposta alle circostanze.

Potrebbe essere vero che scegliamo le circostanze in cui siamo nati con l'intenzione di sperimentare le nostre lezioni in un particolare contesto, ma appena che siamo nel sistema impariamo pian piano che il sistema funziona secondo le sue proprie regole.

Ogni volta che facciamo una scelta incontriamo le conseguenze non volute, poiché nessuno di noi comprende in totalità come le cose funzionano qui.

Il cambiamento climatico è la nostra ultima lezione collettiva sulle conseguenze indesiderate. Abbiamo scelto, sulla base della nostra conoscenza di allora, di bruciare combustibili fossili. Ora che sappiamo cosa succede quando li bruciamo, siamo in grado di rispondere a questo.

Impariamo anche dalle nostre lezioni individuali sulle conseguenze non volute.

Inizialmente, crediamo che tutte le risposte siano al di fuori di noi, motivo per cui proviamo a controllare le circostanze della nostra vita e le persone con cui abitiamo e lavoriamo.

Infatti, non facciamo alcun progresso fino a quando non ci rendiamo conto che tutte le risposte sono dentro di noi.

È solo dopo quell' intuizione che iniziamo a esaminare le nostre credenze e tutti i modelli di pensiero incorporati nel nostro subcosciente che hanno guidato i nostri comportamenti.

È solo allora che ci rendiamo conto che i nostri comportamenti di controllo hanno distrutto le nostre relazioni e che le nostre convinzioni distorte della realtà hanno trasformato il paradiso in inferno.

È solo a quel punto che capiamo che possiamo cambiare mente e scegliere di vedere le cose in modo diverso.

Punto di riflessione

Infatti, non facciamo alcun progresso fino a quando non ci rendiamo conto che tutte le risposte sono dentro di noi.

Azioni da considerare

Studia *Un Corso in Miracoli*.

Stabilisci una pratica quotidiana della meditazione.

Scrivi la storia della tua vita.

Annota le tue osservazioni e pensieri nel tuo diario.

La cortina delle tue credenze

È ora di dare uno sguardo dietro la cortina delle tue credenze.

Quando guardi il mondo, ciò che vedi è un'immagine che stai creando nella tua mente. Dici a te stesso che è la realtà ma, in realtà, la tua mente guarda il mondo attraverso la cortina delle tue credenze.

A meno che non tiri da parte quella cortina di credenze, ciò che vedi è sempre un'immagine distorta. C'è verità nell'affermazione che vedi ciò che vuoi vedere.

Non puoi guardare dietro la cortina per scoprire cosa c'è realmente, a meno che tu non sia disposto ad esaminare e respingere le tue credenze. Non c'è altro modo di passare attraverso la cortina.

Indubbiamente, puoi redigere un elenco di giustificazioni per le tue convinzioni. Vedi il mondo in un modo particolare a causa della vita che hai vissuto. Sai anche che la tua visione del mondo cambia con il passare del tempo e tu invecchi e hai più opportunità di riflettere sul significato delle cose. So che la mia visione del mondo è cambiata - diverse volte.

Ogni volta che metti in dubbio le tue convinzioni, ti dai l'opportunità di vedere il mondo con occhi nuovi.

Ogni volta che scarti una convinzione, la cortina diventa più trasparente e ottieni un'immagine più chiara della realtà.

Le cortine bloccano la vista da entrambi i lati. Man mano che la tua cortina diventa più trasparente, non solo inizi a vedere più chiaramente, ma diventi più visibile agli altri.

Avere uno sguardo dietro la cortina è un lavoro interiore. La cortina non è solo un filtro - è anche una maschera.

Dare uno sguardo dietro la cortina è un invito di approfondire la tua consapevolezza di te stesso in un modo che ti permetterà di vedere più chiaramente e di risplendere la tua luce.

Punto di riflessione

Ogni volta che metti in dubbio le tue convinzioni, ti dai l'opportunità di vedere il mondo con occhi nuovi.

Azioni da considerare.

Concediti il permesso di mettere in dubbio le tue convinzioni.

Annota le tue osservazioni e pensieri nel tuo diario.

Il tuo scopo

Non importa quello che ti scegli come tua vocazione - può sempre essere infusa con lo scopo dell'anima, che è quello di ampliare la presenza dell'amore.

Stiamo tutti cercando il nostro scopo di vita. Vogliamo tutti fare qualcosa di significativo per dare il nostro contributo unico. In realtà, esiste un intero settore che sostiene la nostra ricerca per uno scopo unico di vita.

Siamo tutti in cerca del nostro scopo di vita negli strati superficiali del mondo delle attività - nel mondo di diecimila cose.

È importante fare qualcosa durante il nostro soggiorno qui. Infatti, è essenziale in questa dimensione se vogliamo mantenere il nostro corpo vivo e in buona forma.

Il mondo è fatto per permetterci di giocare ed esplorare differenti opzioni. Ci dà tanti ruoli da scegliere. Non esiste un ruolo particolare che sia più importante o di più valore di qualsiasi altro, proprio come non c'è nulla di sbagliato nella scelta di un ruolo che ti piace o nella scelta di cambiare da un ruolo all'altro.

I ruoli non sono legati allo scopo della vita. I ruoli riguardano le esperienze. I ruoli sono semplicemente veicoli, mezzi per un fine.

Sei arrivato al pianeta con nient'altro che la tua riserva di conoscenza e te ne andrai con nient'altro che la tua riserva di conoscenza. È quello che impari mentre sei qui che importa, non quello che fai per impararlo.

Il tuo scopo viene da un livello superiore a quello delle attività del mondo - e tutti abbiamo lo stesso scopo: espandere la presenza dell'amore.

Smetti di agitarti. Scegli qualcosa che ti piace fare che si adatta ai tuoi talenti e interessi, quindi impregnarlo del tuo scopo di vita.

Siamo qui per imparare a essere l'amore in forma umana, e questo di solito assume il manto di servizio.

Punto di riflessione

Il tuo scopo viene da un livello superiore a quello delle attività del mondo - e tutti abbiamo lo stesso scopo: espandere la presenza dell'amore. Come ti senti a saperlo?

Azioni da considerare

Guardati intorno. Sii la presenza dell'amore proprio dove sei.

Qualunque cosa che fai di mestiere, impregnala del tuo scopo.

Annota le tue osservazioni e pensieri nel tuo diario.

Come vivi la vita è sempre la tua scelta

Come vivi la vita è sempre la tua scelta. Se non ti piace la tua esperienza corrente - cambia la tua scelta.

Finché non comprendi cosa significa assumerti la responsabilità della tua vita, è difficile ammettere a te stesso che stai scegliendo come vivere la vita. Sembra che succeda tutto, senza alcuno contributo tuo.

Scegliere come vivere la vita non implica necessariamente la possibilità di scegliere eventi specifici. Significa che sei libero di scegliere come fai l'esperienza diretta degli eventi che incontri, perché come rispondi alla vita è sempre una scelta.

Tuttavia, ci sono momenti in cui scegli l'evento specifico. Per esempio, quando scegli un compagno di vita o decidi di accettare un'opportunità di lavoro o scegli di andare a una festa o a un concerto rock. Ogni scelta che fai nella vita conduce a conseguenze che diventano le tue esperienze. Alcuni risultati ti piacciono; altri non così tanto.

Ogni volta che non ti stai godendo un'esperienza, hai sempre la possibilità di scegliere di nuovo. Non sei obbligato a rimanere e sopportare le esperienze spiacevoli.

Se la tua scelta del compagno di vita non funziona, sei libero di abbandonare la relazione, nonostante le norme della società e le aspettative degli altri. Quando una scelta di carriera diventa una delusione o perdi la tua passione per quel lavoro, sei libero di scegliere ancora.

Ogni scelta tua influisce la tua esperienza di vita, anche la scelta di non fare nulla, che spesso è una decisione di vedere te stesso come vittima, invece di una persona col potere di scegliere di rispondere in modo diverso.

La tua esperienza di qualsiasi evento della vita è determinata dal modo in cui scegli di rispondere: se scegli di avere la mente aperta sulla situazione o di resistere cosa sta succedendo, è sempre la tua scelta.

Scegliendo una vita cosciente, ti stai dando il livello di consapevolezza necessario a ricordare a te stesso che puoi sempre cambiare idea e scegliere di nuovo.

Punto di riflessione

Ogni volta che non ti stai godendo un'esperienza, hai sempre la possibilità di scegliere di nuovo. Non sei obbligato a rimanere e sopportare le esperienze spiacevoli. Ci credi? Sei pronto a comportarti sapendo che questo è sempre vero?

Azioni da considerare

Individua una situazione spiacevole che ti stai aggrappando e prende in considerazione le tue opzioni per fare un'altra scelta.

Ricorda che scegliere di nuovo potrebbe soltanto significare cambiare il tuo modo di rispondere.

Scegli di essere un partecipante attivo nella tua vita, non un osservatore passivo.

Annota le tue osservazioni e pensieri nel tuo diario.

Atti d'amore

Un atto d'amore ispira un altro.

Siamo tutti ispirati da atti d'amore. Sembra che non possiamo resistere all'amore in azione, a meno che non abbiamo paura.

Quando ci comportiamo in modi che rendono il mondo migliore, è sempre attraverso atti di amore. Quando facciamo le cose diversamente, è sempre a causa della paura.

Ogni volta che c'è un disastro, naturale o creato dall'uomo, le persone si allungano la mano in amore a vicenda, a volte attraverso il globo, per offrire supporto e far sapere a coloro che soffrono che contano; che altri si preoccupano di ciò che sta accadendo loro. Non importa cosa fanno o non fanno i governi quando i disastri colpiscono, le persone di buon cuore sempre agiscono.

A un certo livello, riconosciamo che siamo tutti connessi e che siamo chiamati a sostenerci a vicenda.

Quando la nostra vita è dominata dai nostri timori, perdiamo il nostro senso di connessione. Vediamo le persone fuori dalla nostra comunità come altri - non noi. È in questi momenti che chi vive consapevolmente è chiamato a ispirare gli altri con atti di amore.

Certo, a volte non è facile.

A volte, ci vuole molto coraggio per dimostrare agli altri l'amore in azione, ma quell'azione vale sempre la pena. Spesso, è quell'azione d'amore che scioglie i cuori, dissipa le paure e ispira le persone ad aiutare gli estranei nel bisogno.

Il nostro scopo è di espandere la presenza dell'amore. Non puoi farlo se rifiuti di agire per amore.

Punto di riflessione

Quando ci comportiamo in modi che rendono il mondo migliore, è sempre attraverso atti di amore. Quando facciamo le cose diversamente, è sempre a causa della paura. Stai scegliendo l'amore o la paura?

Azioni da considerare

Sorridi agli sconosciuti per strada.

Allunga la mano invece di scappare da qualcuno che ne ha bisogno.

Sostieni organizzazioni come Medici Senza Frontiere.

Annota le tue osservazioni e pensieri nel tuo diario.

Le maschere

Una persona che vive con autenticità permette agli altri di mettere da parte le loro maschere.

Passi la prima parte della tua vita a creare un personaggio da far vedere al mondo. Scegli un ruolo e poi lo reciti, mantenendo nascosto il tuo vero io.

Se tu sei come tutti noi, probabilmente hai provato differenti personaggi prima di decidere dietro chi ti avresti nascosto. Forse hai un portfolio di diversi personaggi e scegli quale sembra appropriato, a seconda di con chi stai e di cosa stai facendo.

Iniziamo a scegliere tra i nostri personaggi quando siamo giovani. Ricordo che mia madre parlava di noi bambini come dei suoi angeli di strada e dei suoi diavoli di casa. Ci comportiamo diversamente con i compagni di lavoro che con le persone con cui viviamo. Mostriamo ai nostri amanti una faccia diversa da quella dei nostri nemici.

Quando smetti di chiedere l'approvazione degli altri e cominci a vivere con autenticità, ti dai il permesso di smettere di nasconderti dietro le tue maschere. Quando vivi con autenticità sei la stessa persona ovunque tu sia o con chi sei.

Quando vivi con autenticità permetti alla tua luce di splendere, non importa dove tu sia o con chi tu sia. Sei più rilassato e non lasci che il comportamento degli altri ti sconvolga, come una volta.

Gli altri se ne accorgono e diventano più rilassati intorno a te, soprattutto quando si rendono conto che non li stai giudicando e non hanno bisogno di fare niente per impressionarti.

Mettono da parte le loro maschere e tu ricevi l'opportunità di vederle come sono davvero, in tutta la loro bellezza.

Vivere con autenticità vuol dire essere vulnerabile; non hai niente da nascondere e niente dietro cui nasconderti.

Succede qualcosa di meraviglioso quando interagiamo tra di noi con autenticità. La vita scorre; e noi andiamo con il flusso.

Punto di riflessione

Quando vivi con autenticità permetti alla tua luce di splendere, non importa dove tu sia o con chi tu sia.

Azioni da considerare

Riesamini come ti comporti quando sei in compagnia di altre persone.

Impegnati ad essere te stesso.

Annota le tue osservazioni e pensieri nel tuo diario.

A volte non vedi i resultati

A volte riesci a seminare semi che germinano un lungo periodo dopo che te ne sei andato.

Non importa quale campo d'interesse si sceglie, ci vuole tempo per le nuove idee a prendere piede. Non è insolito che le nuove idee siano considerate eresie quando sono proposte per la prima volta, per poi diventare la verità generalmente accettata in età successiva. Pensa all'idea della Terra in orbita attorno al Sole. Galileo soffrì per aver piantato quel seme. Diamo per scontato che quell'idea sia la verità.

Probabilmente ti sarai accorto che questo libro è un pacchetto di semi. Magari alcuni di loro sembravano eresie quando li hai letti la prima volta. Naturalmente, alcuni di quei semi mi sembravano eresie quando li ho incontrati la prima volta, ma gli ho dato l'opportunità di germinare che potessi decidermi quali erano fiori e quali erano erbacce.

Mi ricordo ascoltando l'insegnate francescano, Richard Rohr, mentre stava dicendo qualcosa come - è incredibile come ciò che pensi sia un'erbaccia cambia il più lungo che esamini il giardino della tua mente.

Il destino dei semi in queste pagine dipende dalla qualità del terreno in cui cadono: il tuo stato d'animo. Se un'idea incontra una mente aperta, è probabile che attecchisca e prosperi, o almeno abbia l'opportunità di germinare prima di essere identificata come un'erbaccia. Se questa stessa idea incontra una mente chiusa, subirà il destino di un seme che cade su un terreno roccioso. Non avrà l'occasione di germinare, tanto meno di diventare qualcosa di meraviglioso.

So che sto seminando dei semi, proprio come quelli che hanno percorso questa strada prima di me hanno seminato i semi che hanno cresciuto in intuizioni presentate in questo libro.

Ora hai l'opportunità di fare lo stesso, e di avere pazienza mentre i semi che semini attecchiscono nelle menti di coloro con cui li condividi.

I mistici d'oggi sono chiamati a condividere le proprie idee. Non di imporli o di insistere su qualsiasi dottrina o sul fatto che la loro strada è l'unica via. Condividiamo per incoraggiare gli altri a mettere in discussione il credo che hanno assunto dalla cultura, la religione, e la società in cui vivono. Condividiamo per risvegliare.

In questo senso siamo un po' come Gesù o il Buddha.

Punto di riflessione

Condividiamo per risvegliare. Quanto sei disposto a condividere il tuo credo interiore con gli altri? Sei disposto a rischiare di seminare idee, anche se gli altri potrebbero ridere?

Azioni da considerare

Condividi le tue intuizioni senza aspettarti alcun responso particolare.

Quando ti imbatti in una nuova idea, dagli tempo per germinare piuttosto che scartarla immediatamente.

Annota le tue osservazioni e pensieri nel tuo diario.

Intuizione

Abbiamo accesso a un livello di conoscenza che non ha niente a che fare con il pensiero, ma tutto a che fare con il sentimento - intuizione.

L'educazione obbligatoria, introdotta dall'Illuminismo, si concentra su quello che definiamo il pensiero del cervello sinistro. La logica e l'analitica, tutta quella roba basata sui fatti. Se la tua istruzione era simile alla mia, probabilmente ti hanno insegnato che se non potevi vederla, toccarla o misurarla, non esisteva.

L'unica volta che quel messaggio è stato trascurato nella mia istruzione è stato durante le classi di fisica e di chimica, quando stavamo discutendo di atomi e reazioni chimiche. Benché non potevamo vedere gli atomi, ci è stato insegnato che il modello atomico continuava ad essere l'unico modo in cui gli scienziati potevano spiegare le cose, specialmente quelle che sono avvenute nelle provette.

Poi abbiamo cominciato a studiare fisica quantistica. Continuo a non capire come funziona la fisica quantistica, e non sono sicuro che qualcun altro lo sappia.

Quello che ho scoperto negli anni successivi, tuttavia, è che c'è un altro modo di conoscere, un modo che non si basa su osservazioni del mondo esterno, un modo che non è nemmeno basato sulla logica o analisi. Qualche volta sai delle cose senza fare qualsiasi ricerche.

Hai un problema. Tu chiedi aiuto e attendi una risposta. Qualcuno può definirla preghiera. Altri direbbero che stai parlando da solo. Lo facciamo tutti, qualunque sia il nome usato.

La risposta potrebbe non arrivare subito, ma arriva sempre, spesso quando meno te l'aspetti o quando ti stai concentrando a fare qualcos'altro. Abbiamo un nome per la fonte di quelle risposte - intuizione.

Sei mai entrato in una stanza e saputo senza parlare con chiunque che qualcosa non andava, o incontrato una persona con un bel sorriso, che ti ha salutato abbastanza piacevolmente, ma tu hai sentito un avviso silenzioso di stare attento perché questa persona non era autentica? Questa è la tua intuizione in azione.

Ho imparato a non ignorare quei sentimenti e ti incoraggio a prestare attenzione ai tuoi.

Punto di riflessione

Abbiamo accesso a un livello di conoscenza che non ha niente a che fare con il pensiero, ma tutto a che fare con il sentimento - intuizione. Hai il coraggio di accedere a quel livello di conoscenza?

Azioni da considerare

Leggi *La forza dell'intuizione* di Penney Peirce.

Nota quali pensieri ti vengono in mente quando sei sotto la doccia e agisci su di essi.

Siediti in silenzio e chiedi intenzionalmente una guida su un particolare problema e annota il primo pensiero che ti viene in mente.

Annota le tue osservazioni e pensieri nel tuo diario.

Il gran piano

C'è in gioco un piano molto più grande di quello che potresti mai immaginare.

Tutti abbiamo una visione ristretta della realtà.

Alcuni di noi limitano la loro visione ad una sola vita - si nasce, ci si diverte, e poi si muore. Fine della storia.

Altri vogliono prolungare questa storia con la possibilità di raggiungere la felicità eterna in cielo o di cadere nella dannazione eterna all'inferno. Se sei cattolico, hai anche l'opportunità di passare un periodo di sofferenza in purgatorio seguendo la tua morte, prima di raggiungere quella felicità eterna in cielo.

E poi, ci sono coloro che vedono una realtà totalmente diversa, in cui sono anime eterne in un viaggio infinito di crescita e sviluppo. Si tratta di una visione di molte vite, di molti corpi e di molti luoghi.

Non credo che si possa ottenere l'intera storia da qui, ma se smetti di concentrarti esclusivamente sullo strato superficiale della vita e ti apri al divino, inizierai a sentire che c'è molto di più nella realtà che potresti mai immaginare.

Questa idea non è facile da capire per quelli tra noi istruiti nell'Occidente. Dobbiamo lasciare andare alcune delle nostre idee care. Dobbiamo lasciare andare qualsiasi idea di avere il comando. Dobbiamo fidarci del divino.

Una lezione che Jeshua insegna in *La Via di Maestria* ci ricorda che siamo arrivati a dove siamo perché abbiamo seguito il nostro piano, qual è nient'altro che un sogno, e che dovremmo svegliarci a chi siamo veramente prima di ricevere mai un'occhiata a ciò che sta realmente accadendo nella vita.

Passiamo così tanto tempo ed energia provando a controllare le nostre circostanze nella vita. Fantastichiamo a così tanti piani, fissiamo così tanti obiettivi, e facciamo la maggior parte di questo senza prenderci il tempo di andare dentro a noi stessi e ricordare il motivo per cui abbiamo scelto di nascere, questa volta.

Punto di riflessione

Tutti abbiamo una visione ristretta della realtà. Perché dovresti scegliere di accettare una visione scritta da qualcuno duemila anni fa?

Azioni da considerare

Investiga alcuni punti di vista alternativi sul significato della vita.

Immagina cosa potrebbe significare per te se sei un'anima eterna avendo una serie d'incarnazioni.

Rifletti sugli eventi della tua vita e unisciti ai punti, poi considera se sei stato guidato o lasciato a seguire i tuoi piani.

Annota le tue osservazioni e pensieri nel tuo diario.

Un campo di possibilità

La vita è un campo di possibilità.

Quando discuti la tua prossima vita con le tue guide spirituali prima di incarnarti, consideri una serie di possibilità. Ogni possibilità offre un diverso insieme di lezioni. Alla fine, scegli una vita con una serie iniziale di circostanze come punto di partenza, con l'intenzione di completare un incarico progettato per migliorare il tuo sviluppo.

Quando nasci come un essere umano, nonostante quante volte sei stato qui prima, ricominci da capo, e passi anni a ottenere una certa misura di controllo sul corpo-mente in cui ti sei incarnato e a sviluppare una personalità per operare in questa dimensione.

Poi ti ritrovi di nuovo di fronte al campo delle possibilità. Che cosa hai intenzione di fare della tua vita, ora che hai un'idea come funziona, avendo ricevuto un'istruzione e capito che avrai bisogno di soldi per pagare le cose che mantengono vivo il corpo?

In alcune culture, quelle scelte sono fatte per te. In altri, devi farle per te stesso.

In passato, le tue scelte erano limitate dalla posizione sociale della tua famiglia nella società e dall'occupazione di tuo padre.

Adesso che l'istruzione delle masse è diffusa in tutto il mondo, sempre più persone devono fare le proprie scelte. E non si tratta solo di scegliere la carriera.

Hai il potere di scegliere quando rispondi a qualsiasi evento nella vita, e ci sono spesso molti modi per rispondere. Il pericolo è pensare che tu debba rispondere a un evento nello stesso modo ogni volta che accade.

Se non sei vigile, le tue risposte diventano abituali e perdi di vista il campo delle possibilità, che è sempre aperto davanti a te.

Vivere consapevolmente richiede che prendi il tempo per guardarti intorno e di considerare le possibilità prima di agire.

Punto di riflessione

Hai il potere di scegliere quando rispondi a qualsiasi evento nella vita, e ci sono spesso molti modi per rispondere.. Sei pronto a scegliere di nuovo?

Azioni da considerare

Fa' qualcosa di diverso.

Parla con qualcuno che di solito ignori.

Chiedi se c'è un altro modo in cui potresti fare qualcosa.

Rifletti sulla tua scelta di carriera.

Leggi fuori dal campo dei tuoi consueti interessi.

Annota le tue osservazioni e pensieri nel tuo diario.

Il viaggio spirituale

Il viaggio spirituale avviene nel qui e ora.

Si è tentati di credere che il viaggio spirituale sia soltanto un'esperienza interiore; qualcosa in cui ci si impegna nella solitudine del proprio spazio sacro.

In passato, i mistici si ritirarono in monasteri ed eremi, lontani dal rumore del mondo e si avventurarono verso l'ignoto, cercando l'unione con il divino.

I mistici di oggi, persone proprio come noi, sono chiamati a un percorso spirituale diverso. Siamo chiamati a ricordare che siamo un tutt'uno con il divino, ma ci viene anche chiesto di camminare apertamente tra le folle dell'umanità dove possiamo essere visti.

Siamo nelle strade, negli uffici e nelle fabbriche di tutto il mondo, proprio dove sono tutti gli altri. Siamo chiamati a impegnarci appieno nell'essere umani, nell'essere incarnati, proprio dove avviene la vita.

La spiritualità non riguarda la ricerca di un'esperienza estatica sulla vetta della montagna. Si tratta di essere pienamente presente alla tua esperienza di vita. Si tratta di essere pienamente attenti a quelli con cui sei. Si tratta di far brillare la tua luce così che gli altri possano vederla, invece di nasconderti all'interno, dove ti senti al sicuro.

I mistici di oggi sono guide, chiamati a risvegliare gli altri e ricordare loro che sono più di quello che credono di essere.

Non possiamo farlo se rimaniamo al sicuro dentro un monastero o se manteniamo le nostre intuizioni per noi stessi. Siamo chiamati a camminare con gli altri e a vivere le nostre intuizioni nel qui e adesso del quotidiano.

Punto di riflessione

Siamo chiamati a impegnarci appieno nell'essere umani, nell'essere incarnati, proprio dove avviene la vita. Dove altro puoi essere?

Azioni da considerare

Avvia un club del libro per discutere di questo e di libri simili.

Condividi le tue intuizioni con i tuoi amici.

Integra le tue intuizioni spirituali nella tua vita quotidiana.

Impegnati a vivere consapevolmente.

Annota le tue osservazioni e pensieri nel tuo diario.

Ringraziamenti

Uno dei vantaggi di tradurre le proprie parole è sapere ciò che l'autore del documento di origine intende, qualcosa che un traduttore altrimenti deve assumere.

Tuttavia, è ancora necessario rivedere ogni parola nel contesto per determinare se è la scelta parola appropriata o se ha bisogno di essere sostituita con qualcosa di più adatto.

Fortunatamente, ci sono ora alcuni ausili elettronici che rendono il compito più facile di quello che era quando si doveva fare affidamento sulla tua conoscenza di entrambe le lingue e un enorme dizionario bilingue.

Per completare questa traduzione, ho utilizzato un dizionario bilingue elettronico e il programma di traduzione Reverso, che si permette di vedere le parole utilizzate nel contesto, esplora fraseggi alternativi, verifica errori grammaticali, coniuga verbi e accede a un dizionario.

Ma, alla fine, qualcuno ha dovuto rivedere il mio lavoro per correggere gli inevitabili errori, e vorrei ringraziare Antonietta per aver accettato questo compito.

Ultimi pensieri

La Mia Vita è La Mia Responsabilità: Intuizioni per una vita consapevole è una raccolta delle mie intuizioni spirituali. Spero che ti piaccia riflettere su queste intuizioni e che ricevi alcune delle tue.

Vedo la condivisione di queste intuizioni, che sono venuti a me durante anni di meditazione e di studio, come parte del lavoro della mia vita. Puoi aiutare a crearne una maggiore consapevolezza scrivendo una recensione e raccontando ai tuoi amici del libro.

Visita www.petermulraney.it se vuoi leggere altri pensieri di un mistico moderno.

Infine, grazie per aver acquistato il libro.

Peter Mulraney

Adelaide, Australia

Altri titoli di Peter Mulraney

Affermazioni: Il Potere delle Parole

www.ingramcontent.com/pod-product-compliance
Lightning Source LLC
Chambersburg PA
CBHW051450290426
44109CB00016B/1689